監修者——加藤友康／五味文彦／鈴木淳／高埜利彦

［カバー表写真］
応仁の乱
（『真如堂縁起絵巻』部分）

［カバー裏写真］
足利義政像と日野富子木像

［扉写真］
慈照寺銀閣
（京都市左京区）

日本史リブレット人 040

足利義政と日野富子
夫婦で担った室町将軍家

Tabata Yasuko
田端泰子

目次

自由・混沌・活力の時代の足利将軍家

足利義政（一四三六～九〇）とその正室《せいしつ》日野富子（一四四〇～九六）については、政治に意欲をなくした義政、大きな財を蓄積した御台所《みだいどころ》という評価が、長らくなされてきた。しかし子細に検討すると、彼らが生きた時代は、中世後期といわれる室町《むろまち》・戦国期のなかでも、とくに為政者の姿勢がその時代の人びとに問われた時代であった。言論統制がないかわりに、身の振り方をまちがえると没落したり、命も落としかねなかった。言論の自由と没落の自由の両方をえている、むずかしい時代に、人びとはそれぞれの要求や希望をなんらかの形で実現しようと生きていたのが、義政と富子の時代であったように思う。

足利義政の治世期の最大の事件は応仁《おうにん》の乱《らん》▲である。乱前には政治に意欲をも

▼**応仁の乱**　十五世紀の後半、東海地方から、本州西端にいたる地域で起こった内戦。将軍家の跡目争いに、守護大名家の家督争いや、将軍側近の政争が絡み合って、前後一一年におよぶ内戦が続いた。

って取り組んだこともあった義政が、かえって乱の原因をつくり、みずからの意欲も失せたため、乱後の治世は義政正室富子が一時握り、その後は義尚《よしひさ》▲、義政、富子が時により権限を分掌して、乱後の政局を担うことになる。

　将軍家の権限掌握の仕方が特異であったのは、将軍権力を支える幕府《ばくふ》機構が多様で、それが時期ごとに、様相を変えて機能したためでもある。中央の幕府機構のみならず、鎌倉府《かまくらふ》の存在形態が変化し、守護大名《しゅごだいみょう》間やその家中《かちゅう》でも抗争があり、領国《りょうごく》内では国人《こくじん》層が台頭し、畿内《きない》を中心に徳政一揆《とくせいいっき》の拡大、荘園《しょうえん》では荘家《しょうけ》の一揆の頻発、農民闘争と国人、土豪《どごう》層の結びつきなど、義政・富子の時代はまさにあらゆる階層の権利主張の時代でもあった。

　猿楽能《さるがくのう》▲に代表される混乱の時代に生まれた文化は、不思議なことに時代の担い手である将軍家から大名、国人、土豪層それに村落住民、同朋衆《どうぼうしゅう》▲に共通して好まれる面をもっている。この時代の文化が一面「下剋上《げこくじょう》の文化」と称されるのは文化の担い手に庶民層が堂々と顔をだしているからで、こうした中世でもまれにみる混沌としているが活気あふれる、足を掬《すく》われかねないあやうい時代が、足利義政とその正室富子の時代であった。

▼**足利義尚**　一四六五〜八九。室町幕府九代将軍。在職は一四七三〜八九。父は義政、母はその正室日野富子。叔父義視《よしみ》との継嗣争いが応仁の乱の主因となった。将軍権力の回復をめざし六角高頼《ろっかくたかより》を攻めたが、陣中に病死。

▼**猿楽能**　語源は唐《とう》伝来の散楽《さんがく》ともいわれる。鎌倉期より猿楽能は寺社の祭礼以外でも演じられはじめ、南北朝期以後、観阿弥《かんあみ》・世《ぜ》阿弥が大成。室町幕府の式楽《しきがく》として栄え、江戸《えど》期には能と呼ばれた。

▼**同朋衆**　室町期〜江戸期、将軍や大名の側近にあって、唐物《からもの》の鑑定やその管理、芸能や茶事での奉仕につとめた僧体の者の称。観阿弥・世阿弥・善《ぜん》阿弥などが有名。江戸期には若年寄《わかどしより》のもとで殿中《でんちゅう》の雑事をつとめた。

①——八代将軍義政の青年時代

足利義満時代の歴史的意義

室町幕府《むろまちばくふ》が成立したのは、足利尊氏《たかうじ》時代であるが、幕府の基礎を強固にしたのは、義満《よしみつ》▲である。足利義満少年期の一三六八（応安元《おうあん》）年、幕府は応安半済令《はんぜいれい》をだす。これは一三五二（文和《ぶんな》元）、五七（延文《えんぶん》二）年のそれよりも徹底したもので、寺社本所領《ほんじょりょう》や殿下渡領《でんかのわたりりょう》▲は除き他の全国の本所領の年貢《ねんぐ》半分を兵糧料所《ひょうろうりょうしょ》として軍勢にあずけおくという内容であった。年貢の半分を徴収するために、武士階級が本所所有地に堂々とはいることができた点で、以後の武士領拡大への門戸を開いた。この法令の背景には管領細川頼之《かんれいほそかわよりゆき》▲らがいた。

成人した義満は日明《にちみん》貿易を将軍家主導で再開し、五山僧《ござんそう》に外交文書を執筆させるなどして、貿易の利と禅宗《ぜんしゅう》寺院統制の双方を掌中にする。日明貿易によって多くの「唐物《からもの》」がもたらされて「唐物賞翫《しょうがん》」の風が流行し、銅銭も大量に輸入されて外国銭が室町期の日本の基準貨幣となる。

義満は京の室町通りに西面する将軍の邸宅「室町殿《どの》」（室町邸とも。一名「花《はな》の御《ご》

▼**足利義満**　一三五八〜一四〇八。室町幕府三代将軍。在職一三六八〜九四。義満幼少時、管領細川頼之の補佐を受けたが、青年期以後公武の頂点に立って、勘合《かんごう》貿易を始め、有力大名を抑圧し、天皇制にも迫る強大な権力を樹立した。

▼**殿下渡領**　藤原《ふじわら》氏の氏長者《うじのちょうじゃ》が所有する摂関家《せっかんけ》領のこと。渡領とも。長者固有の所領で、交替時に目録が渡された。大和《やまと》国佐保殿《さほどの》など四カ所。

▼**細川頼之**　一三二九〜九二。南北朝期の武将、室町幕府の管領。四国を平定後、管領となり足利義満を補佐した。のち分国《ぶんこく》讃岐《さぬき》に帰り、ついで幕府の宿老として復帰、明徳《めいとく》の乱《らん》の鎮定でも功名。

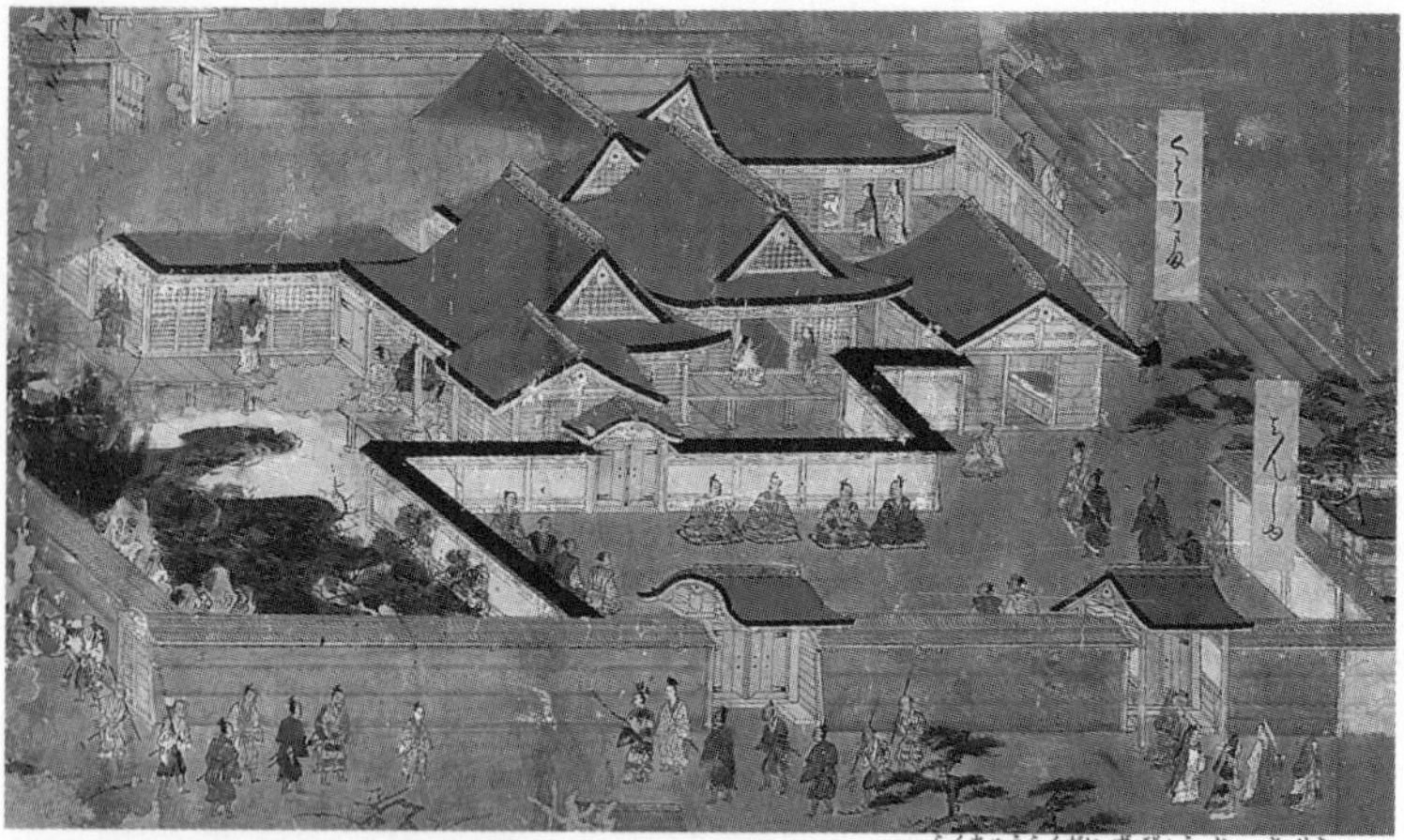

「くはうさま」と記される室町殿・足利将軍邸(町田本『洛中《らくちゅう》洛外《らくがい》図《ず》屏風《びょうぶ》』左隻《させき》)
この邸宅は，男性の詰める政務の場と，女性や童のいる生活の場からなっていた。

足利義満像

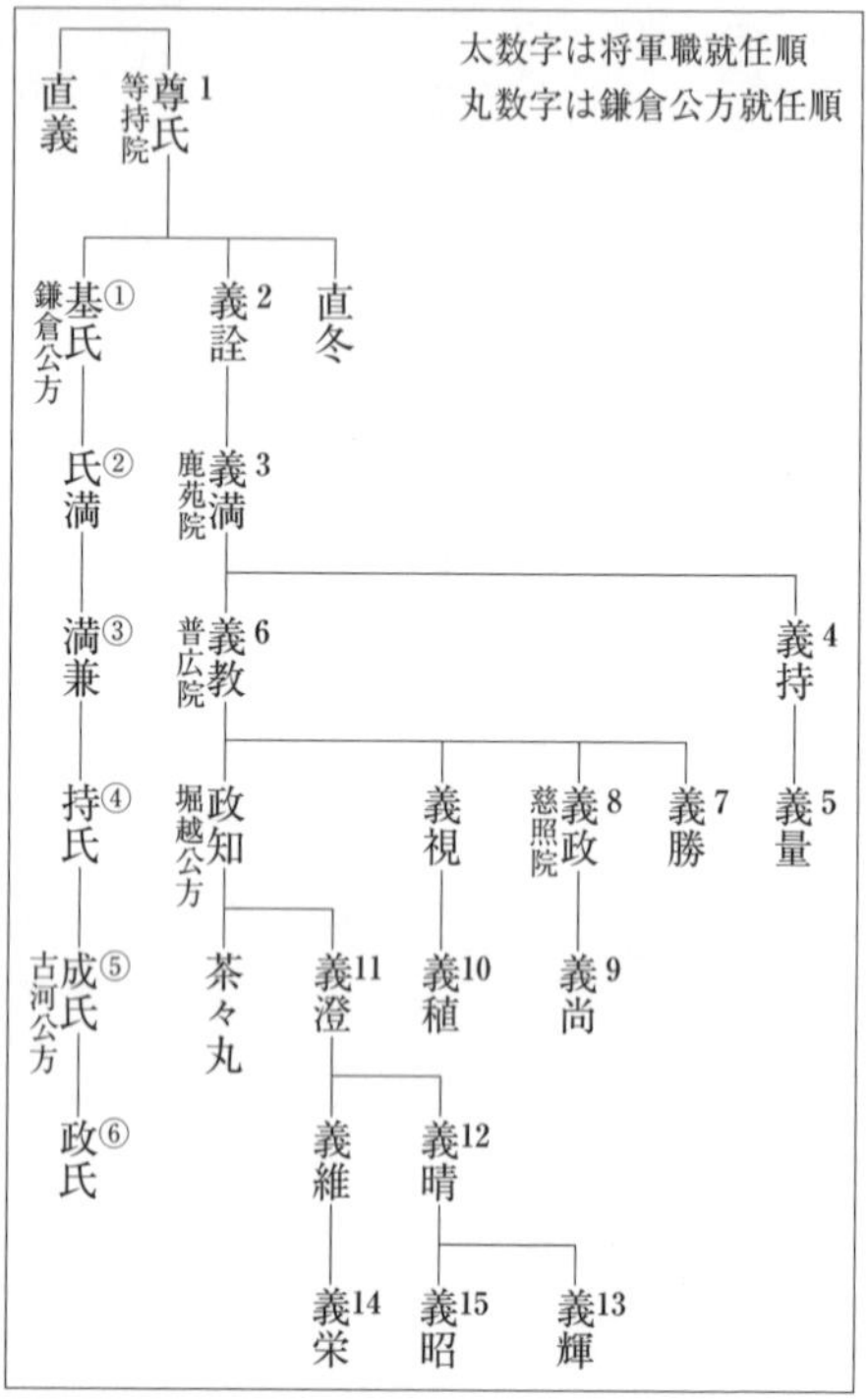

足利氏略系図

所《しょ》」)を建設し、室町通りは以後の京の町の中心軸となる。室町殿は義満二四歳の一三八一(永徳元《えいとく》)年に完成した。そのため室町殿とその南にあった御所のまわりには多くの武家《ぶけ》屋敷が建設され、京の様相に変化が生じる。すなわち以後の京は公家《くげ》・武家・庶民が集住し、周辺に寺社が点在する首都となった。

義満は北山《きたやま》にも山荘「北山第」(のち金閣《きんかく》と呼ばれる)を建設している。西園寺家《さいおんじけ》の別荘を譲り受けて改築した山荘には金を貼り、荘厳さと豪華さを兼ね備えた。ここで「日本国王」に任じられた義満は明使を引見して威容を示した。

足利義教の恐怖政治

義満の政治はその死後子息義持《よしもち》に引き継がれるが、義持は義満とは反対の政治路線をめざし、日明貿易を中断し、義満に対する「太上法皇《だいじょうほうおう》」号の贈与も辞退して、朝廷とは距離をおく方針をとった。この義持のあと、義量《よしかず》の早世により将軍となったのが、弟で「籤引《くじびき》将軍」と呼ばれた義教《よしのり》▲である。

足利義政の父は義教、母はその側室《そくしつ》日野重子《しげこ》▲である。義教自身、兄義持が義満の後継者としての将軍であったので、天台座主《てんだいざす》となり、一生僧籍で暮す決心

▼**足利義教**　一三九四〜一四四一。室町幕府六代将軍。在職一四二九〜四一。天台座主となったが、兄義持の死により還俗し将軍となる。永享の乱で足利持氏を討ち、大名、寺社、公家を弾圧し将軍権力の増強をはかったが嘉吉の乱で死去。

▼**日野重子**　一四一一〜六三。足利義教室。義勝・義政の母。姉(観智院《かんちいん》)とともに義教の側室となり、義勝ついで義政が将軍となったため、重子の立場は正室なみに強化された。将軍義政期の政治に関与。高倉殿、勝智院《しょうちいん》。

足利義持像

▼守護大名　室町幕府の守護を、研究上こう呼ぶ。検断《けんだん》権や半済《はんぜい》給付権をもち、段銭《たんせん》・棟別銭《むなべちせん》の徴収権などを行使できたので、領国の国人層を被官化し、国衙《こくが》機構も掌握して大名として発展した。しかし戦国期にその多くが没落。

▼『満済准后日記』　将軍護持僧《ごじそう》をつとめた醍醐《だいご》寺座主満済の日記。一四一一～三五（応永十八～永享

を固めていたのに、兄の死によって「籤」によって還俗《げんぞく》して将軍の座に就き、義満以来の伝統によって日野重光《しげみつ》の娘（重子の姉）を正室《せいしつ》にした。

しかし、義教は一四二九（永享《えいきょう》元）年三月、将軍になるや、その立場を最大限にいかして独自の政治を始める。一四三一（永享三）年六月、正室を日野家の娘（重子の姉）から正親町三条《おおぎまちさんじょう》家出身の側室尹子《ただこ》に変えたのをはじめとして、対公家・寺社・守護大名《しゅごだいみょう》▲・関東管領《かんとうかんれい》対策、外交などで、つぎつぎに人びとを驚かせるような政策を実施するのである。義教の将軍在職はわずか一三年だったが、その間にさまざまな事件が頻発した。

義教は一四三二（永享四）年十月、津軽《つがる》で南部《なんぶ》氏と蝦夷《えぞ》部族の争いが起こると、干渉に乗りだし（『満済准后日記《まんさいじゅごうにっき》』▲。以下『満』と略記）、さらに関東管領自体を危険視し、三八（同十）年、幕府軍を派遣し、関東管領上杉憲実《うえすぎのりざね》軍とともに鎌倉公方《かまくらくぼう》足利持氏《もちうじ》軍を破り、持氏を自害に追い込んだ（永享の乱）。こうして義教は鎌倉公方と関東管領の両者の力を削減した。以後、関東の内紛は上杉氏と結城《ゆうき》氏の合《かっ》戦《せん》（結城合戦）として継承されるが、この合戦も義教が平定する。

公家に対しては、一四三四（永享六）年、日野義資《よしすけ》を籠居させる事件を起こし

ている。それは二月に側室に格下げされていた日野家の娘たちのうち重子が男子を生んだことに起因する。重子は日野義資の妹で、生まれた子どもはのちに将軍となる義勝《よしかつ》である。義教にとってはじめての男子誕生であったから、義勝は正室尹子の猶子《ゆうし》とされ、日野邸にはお祝いを述べに多くの人びとが訪れた。ところが義教はこのことが気にいらず、祝いに訪れた客六〇余人の名をあげさせ、厳罰に処した。たとえば仁和寺相応院《にんなじそうおういん》、九条前関白《くじょうさきのかんぱく》、西園寺、花山院《かざんいん》などは義資邸へ使いをつかわしたというだけで厳しく「切諫《せっかん》」(折檻)され、西園寺氏は所領没収、石清水八幡宮《いわしみずはちまんぐう》の神官である田中氏も所領を没収され、かわりに善法寺《ぜんぽうじ》氏にこれがくだされた。訪問客にとっては、理解できない義教の暴挙と映ったであろう。

　日野家に対しては義資の父重光の所領が没収され、そのうえ義資邸には六月八日夜討がかけられ、義資は暗殺される。これは将軍義教が秘かに命じたことであることを、世間は知っていた(『満』、『看聞御《かんもんぎょ》(日《にっ》)記《き》』▲〈以下『看』と略記〉)。日野政光《まさみつ》(のちに生まれる富子の父)は、連座《れんざ》を畏れて遁世《とんせい》し禅僧《ぜんそう》になっている。

　日野義資の暗殺について「公方御沙汰《おさた》」であるといった公家はすぐさま室町殿

七)年の幕府での重要会議の内容や社会情勢、対明外交などの記載は室町期の基本史料として価値が高い。

▼**『看聞御(日)記』**　伏見宮貞成親王の日記。一四一六~四八(応永二十三~文安五)年にいたる三〇余年のあいだの朝廷や宮家《みやけ》のようす、足利義教期の政治、世相や芸能にいたる事項が記されている。

足利義教像

▼**貞成親王**　一三七二～一四五六。後崇光院《ごすこういん》。父は伏見宮栄仁《よしひと》親王。母は三条治子《はるこ》。子が後花園天皇となったので、太上天皇の尊号《そんごう》を受けた。

▼**畠山持国**　一三九八～一四五五。法名徳本《とくほん》。父は満家。河内・紀伊《きい》・越中《えっちゅう》・山城守護。嘉吉の乱後管領となり、罷免されるが、一四四九(宝徳元)年再任。持国後の家督継承問題が応仁の乱の主原因の一つとなる。

で召し捕えられ、流罪《るざい》に処せられた。なぜ流罪という重罪に処せられたのか、ほかの人びとには理由がわからず、伏見宮貞成親王《ふしみのみやさだふさしんのう》▲は「何様重科か不審也」と日記に記している。公家や僧侶たちが、常識はずれの義教の言動に「恐怖」を感じたのは当然であろう。

日野家への弾圧はその後も続き、一四三六(永享八)年、義政が重子の二男として誕生した年に、当時「伝奏《てんそう》」の職にあった日野一族の者は義教の不興を買って出仕をとめられ、所領をことごとく没収される。反対に三条家は義教の覚えがめでたく、尹子に続いてその妹「三条上﨟《じょうろう》」が男子を生んだので、三条家の地位は躍進し、三条家には没収された日野家の旧領など多くの所領があたえられた。

公家は本来天皇家に仕える家であったが、義教時代には将軍の好悪の情に左右されて明暗を分けていた。

義教は守護大名に対しても厳しく、一色《いっしき》氏や土岐《とき》氏を殺害することで守護大名の家に干渉し、また配下の国人《こくじん》領主に対しても、当主を追放したり、惣領《そうりょう》職に就いている者をほかに交代させた。管領をつとめた畠山持国《はたけやまもちくに》▲でさえ惣領職を追われたので、弟持永《もちなが》に交替した。赤松満祐《あかまつみつすけ》・祐康《すけやす》父子も義教から播磨《はりま》・美《みま》作《さか》を没収されると思い、機先を制して義教を殺害したのが、嘉吉《かきつ》の変《へん》であった。

義教の父義満は比叡山《ひえいざん》に対しては山門《さんもん》使節（比叡山統制機関）を設置して、使節遵行権《じゅんぎょうけん》など守護に準ずる権限をあたえて保護した。これに反して義教は、比叡山を攻めさせ、根本中堂《こんぽんちゅうどう》を焼き、首謀者たちを自害させて大弾圧を加えた。延暦寺《えんりゃくじ》の僧の強訴《ごうそ》、幕府の鎮圧、山門の蜂起、幕府の鎮圧と、何度も繰り返されたあと、中心となった僧は出奔《しゅっぽん》したり殺害され、ついに一四三五（永享七）年二月、幕府軍によって根本中堂が焼かれた。大きな犠牲を払って「山門騒動」といわれるこの事件は終った。「山門騒動」は単に比叡山と義教の対立にとどまらず、当時の政治情勢と密接に関係していたのである。

鎌倉公方と関東管領を敵視して軍勢を派遣し、守護大名家に干渉し続けることができたのは、義教が奉公衆《ほうこうしゅう》（番衆《ばんしゅう》）と呼ばれる軍隊を側近くおいていたからである。守護の庶流や、その配下の有力国人衆、伊勢《いせ》・大館《おおだち》などの奉行人《ぶぎょうにん》や側近衆など多様な層から独自に編成された奉公衆は、五番編成で、平時は将軍の身近に祗候《しこう》し、事が起こると軍勢として派遣され、御料所《ごりょうしょ》の代官《だいかん》職をあたえられたので、将軍家との主従関係は強固であった。この奉公衆を自在にあやつることができたことが義教の恐怖政治が成り立ちえた背景である。

　義教時代の最後の事件が嘉吉の変である。赤松満祐は父義則《よしのり》の死によって一四二七（応永《おうえい》三十四）年、五五歳で赤松家を相続していた（満祐の生まれた年についての異説では、四七歳）。その満祐に対して前将軍義持は播磨を没収して直轄領「御料国」とし、一族の持貞《もちさだ》にあずけてしまった。このころは将軍義量が早世し将軍の不在期であった。これに反発した満祐は「下国」する。京を離れ領国に帰るということは、在京原則のある守護にとって、将軍家との主従関係を清算するという意味をもつ。義持は追打ちをかけ、備前《びぜん》・美作まで没収しようとした。この事件は、管領畠山満家《みついえ》▲の仲介でようやく満祐が赦され、解決にいたった。

　一四二八（正長《しょうちょう》元）年義持がなくなり、「日本開闢《かいびゃく》以来」といわれる大土一《つちいっ》揆《き》▲が起こった。将軍はまだ不在のままである。赤松満祐は「侍所所司《さむらいどころしょし》」に任命され、正長の土一揆の掃討に活躍し、一四三〇（永享二）年の播磨国人一揆▲も満祐が鎮圧する。こうして満祐は侍所の長官として功績を残しはじめた。

　しかし正長の土一揆の翌一四二九年三月に将軍となった義教は、赤松一族中

▼**畠山満家**　一三七二〜一四三三。父は基国《もとくに》。紀伊・河内・越中・山城守護。足利義持時代、管領として補佐。

▼**土一揆**　室町・戦国期の民衆闘争。土豪・農民・馬借などが徳政令を求めて蜂起し、酒屋・土倉など高利貸業者を襲撃し、借書を破棄させた。これ以前の個別領主に対する闘争が、惣《そう》結合の一般的成立を背景に広域の闘争に発展したもの。

▼**国人一揆**　南北朝・室町期、国人と呼ばれた在地領主層の連合組織。族縁的結合と地縁的結合の双方の要素をもち、一揆契状を残す場合が多い。

の貞村《さだむら》を寵愛し、満祐をうとんじ、三七（永享九）年には、播磨・美作二国は満祐から召し上げられるとの噂《うわさ》が広がる。義教は一四四〇（永享十二）年に一色・土岐氏らの大名を討ったので、次は赤松満祐にちがいないとの憶測が流れる。

そのため満祐は一四四一（嘉吉元）年六月二十四日、義教を西洞院《にしのとういん》二条《にじょう》の自邸に招いて暗殺し、自焼して播磨へ下国する。九月にようやく組織された幕府軍に赤松氏は討伐され、満祐は一族六九人とともに自刃し、名族赤松氏は滅亡した。満祐は義教暗殺で宿意をはらし、武士階級もその行為を認める者が多かったが、将軍暗殺の大罪で赤松氏は一族滅亡という大きな代償を払った。赤松氏の再興が許されるのは、義政時代が始動してからである。

このように、義教は鎌倉府《かまくらふ》▲・守護・公家・寺社のすべての階層について、気にいらない者は徹底して弾圧した。もっとも大きな弾圧をこうむったのは、将軍家が依拠するはずの守護大名であった。その一方で、正長の土一揆という大土一揆勃発の翌年に将軍になった義教は、在任中は土一揆の攻撃対象にはなっていない。義教は武士や公家・寺社の動向に敏感であったのだが、まだこの時代には、幕府の財政的基礎は強固で、守護大名の領国でも順調に守護の領域支

▼**鎌倉府**　南北朝《なんぼくちょう》～室町期、関東八カ国～一二カ国を統轄した室町幕府の政庁。足利氏の一族が鎌倉公方となり、関東管領上杉氏が公方を補佐したが、足利氏と上杉氏が対立するにおよび一四五五（康正元）年鎌倉府は解体する。

配が進展しており、幕府から何度も討伐軍を派遣できるような体制（奉公衆制度の確立）があったからである。したがって『看聞御記』が「万人恐怖、言うなかれ、言うなかれ」と記したのは、上は公家・寺社、管領など上層武家から国人領主にいたるまでの支配階級にとって、将軍義教は恐怖政治を実施した人であったというのが実情であったというべきであろう。

義政の将軍襲封

足利義教と側室日野重子とのあいだに生まれた二男が義政である。誕生は一四三六（永享八）年正月二日である。幼名は「三寅《みとら》」、ついで「三春《みはる》」と呼ばれた。幼い義政の養育は、近習《きんじゅう》で政所執事《まんどころしつじ》▲を家職とする伊勢氏が担当した。義政誕生の一四三六年ごろは、先述のように日野家は義教から大弾圧をこうむり、極度の不遇に陥っていた。しかし義政が誕生しているということは、義教は日野家が将軍家外戚《がいせき》として勢力を拡大することは許さないが、側室としての待遇はするつもりであったようである。

一四三八（永享十）年には疫病が流行し、病死した人が道路に放置される。の

▼**政所執事**　親王《しんのう》家・摂関家・将軍家・有力寺社には家政機関として政所がおかれ、その別当《べっとう》（長官）として執権《しっけん》と執事がおかれた。室町幕府の政所には別当はなく、執事は二階堂《にかいどう》氏、のち伊勢氏が世襲。室町幕府の政所は幕府の財政・事務を扱う重職。

ちの長禄《ちょうろく》・寛正《かんしょう》年間(一四五七〜六六)の大飢饉《だいききん》の予兆《よちょう》を思わせる事態である。
一四四一(嘉吉元)年、将軍義教が赤松邸で殺された。その場で将軍を庇って戦う武士は少なく、討伐軍がすぐには組織できなかったのも、義教のこれまでの態度に起因するというのが世間の見方であった。『看聞御記』には「自業自得」の文字が記され、「将軍の犬死は古来その例を聞かない」と述べている。義教の死は政権担当者ばかりでなくさまざまな階層の勢力地図を塗りかえ、弾圧されていた人びとや、弾圧を目の当りにして息をひそめていた人びとに活気を取り戻させた。

義教の後継者には義教の長男義勝が選ばれたが一〇歳の義勝はすぐになくなり、一四四三(嘉吉三)年その弟義政が将軍候補に選ばれる。八歳の義政が将軍候補となったのは、義勝と同じく重子の生んだ男子であったこと、日野家が復活してその後見が期待できること、管領畠山持国が義政を推したことによる。畠山持国は一四四一年正月、義教から畠山家の惣領職を取り上げられ、舎弟持永に家を継がれ、河内《かわち》に退いていた。六月の嘉吉の変後、細川持之《もちゆき》▲が病死したので、五五歳の畠山持国が管領となったのである。世の中は義教時代の清算へ

▼**細川持之**　一四〇〇〜四二。法名常喜《じょうき》。父は満元《みつもと》。兄持元《もちもと》の死後家を継ぎ、摂津《せっつ》・丹波《たんば》・讃岐・土佐《とさ》守護。義教時代管領をつとめたが義教の専制をおさえられなかった。

と動きはじめた。

義政は一四四九（宝徳元《ほうとく》）年四月、一四歳で元服《げんぷく》し室町幕府八代将軍となった。管領は義政を推挙した畠山持国であったから、義政の将軍襲封は、理想的な形での船出であったようにみえる。

管領の交代

義政は初め「義成《よしまさ》《しげ》」と名乗っている。義にも成にも「戈《ほこ》」があることから、「武《ぶ》威《い》」によって天下をおさめるよう義政一一歳の元服以前に後花園《ごはなぞの》天皇が義政に授けた名である。後花園天皇は『看聞御記』を書き進めた貞成親王の子で、一四二八（正長元）年に践祚《せんそ》して天皇になっていた。父貞成親王ともども義教時代を生きてきたので、義政への期待は大きかった。

義政の少年期の一四四二（嘉吉二）年から四五（文安《ぶんあん》二）年まで管領をつとめたのは畠山持国である。そして義政元服前の一四四五年から、元服直後の四九（宝徳元）年九月まで管領であったのは細川勝元《かつもと》▲である。勝元は一四四五年にはじめて管領になったとき、一六歳であり、山名持豊《やまなもちとよ》▲の娘を妻にし、畠山氏への

▼**細川勝元**　一四三〇〜七三。父は持之。摂津・丹波・讃岐・土佐守護。管領を三度経験。畠山・斯波氏や将軍家の跡継ぎ問題で山名持豊と対立。東軍の主将となるが乱中死没。龍安寺《りょうあんじ》などを興こす。

▼**山名持豊**　一四〇四〜七三。法名宗全《そうぜん》。父は時熙《ときひろ》。但馬《たじま》・備後《びんご》・安芸などのほか、嘉吉の乱後播磨をあわせる。大内氏と婚姻関係を結び、細川勝元と対立し、応仁の乱で西軍の総帥となる。

対抗意識を燃やしている青年であった。

一四四九年九月、細川勝元が退任すると、畠山持国が管領に再任される。持国は一四四九年から五二（享徳《きょうとく》元）年までの足かけ四年管領をつとめる。その間に後述の尾張守護代《おわりしゅごだい》問題が起こる。

持国の退任後、管領に再任されたのは、細川勝元である。再任時、勝元は二三歳。勝元の管領時代は、一四六四（寛正五）年まで足かけ一三年間も続いた。この間は、政敵畠山氏が内紛で混乱していることもあって、細川勝元が独走時代を現出していた。畠山持国は管領をやめてからしばらくたった一四五五（康正《こうしょう》元）年失意のうちに病死している。五八歳であった。

つまり義政の少年期には管領政治がなされており、管領を中心とする守護の発言権が復活していた。管領政治を支えていたのは奉行人で、訴訟裁判を担当する「賦《くばり》奉行」にも管領細川氏の被官《ひかん》をかねた奉行人が選ばれた。

勝元が管領を辞したあと、一四六四年十一月から六七（応仁《おうにん》元）年正月までは畠山政長《まさなが》▲が管領をつとめる。政長は勝元を後ろ盾としていたので、勝元時代の延長の感があるが、世情は政長の管領時代、管領継続を許さないほど、不満が

細川勝元像

▼**畠山政長**　一四四二～九三。持国の養子。河内・越中・紀伊守護。持国の実子義就《よしなり》との抗争が応仁の乱の一因となる。細川勝元の援助で管領。しかし勝元の子政元に攻められ、河内で自刃。

鬱積《うっせき》しはじめていた。

義政青年期の政治

このとき浮上したのが一四五一（宝徳三）年の尾張守護代問題である。管領は畠山持国である。一六歳の若い将軍義政は、先年突鼻《とつび》されていた織田郷広《おだあきひろ》を召しだし、守護斯波《しば》氏の当主千代徳《ちよのり》の被官である織田敏広《としひろ》を退けた。なぜなら義政の乳母《めのと》で側室でもあった「今参局《いままいりのつぼね》」▲が織田郷広を強力に推挙したからである。しかし義政の母重子は「守護代の人事は守護に任せるべきであり、この件で若い千代徳が面目《めんぼく》を失うのはよくない、斯波氏は将軍家にとって大切な一族であり、千代徳の憤りを無視できない」（『康富記《やすとみき》』。以下『康』と略記）と述べている。守護代人事は守護の管轄範囲であるというのは、封建《ほうけん》社会の上下関係からみて妥当な意見である。

ところが義政は重子の正論を斥け、織田郷広を任じた。後日、管領からの沙汰として織田甲斐《かい》入道《にゅうどう》敏広に切腹を命じている。こうして義政は斯波氏に干渉し、守護代を強引にかえた。今参局の意見を容れ、重子の正論に耳を貸さな

▼**今参局**　?～一四五九。父は大館満冬《みつふゆ》。義政の乳母から側室となり、幕政に口入。義政を動かして尾張守護代問題などに介入したが、富子の死産を機に放逐され、甲良寺《こうらでら》で自害。

▼**烏丸資任**　一四一七～八三。蓮光院《れんこういん》。父は豊光《とよみつ》。日野家の一族で、将軍義教・義政に近侍《きんじ》。義政

い義政をみて、重子は「こんな状態では、天下の重事におよぶにちがいない」と考え、にわかに嵯峨《さが》へ出向した。

これを知った義政は、烏丸資任《からすまるすけとう》▲・日野勝光《かつみつ》(富子の兄)などを使者として子細をたずねると、重子は腰痛治療のため嵯峨五大尊堂《ごだいそんどう》に参籠するという。実際には「公方御成敗《ごせいばい》の事は、近日上﨟御局(今参局)並びに大御乳人《おおおちのひと》、この両人毎事一向申沙汰せらる」(『康』)ため、重子から「御口入《ごくにゅう》の儀」があったが、義政が承知せず、管領持国も「御口入無用」との態度をとったので、重子は隠居を決意したのである。義政将軍期の当初、今参局や乳母などが盛んに口入していたことがわかる。

重子の隠居の意思表示に対して、幕府では管領・宿老《しゅくろう》▲・相伴衆《しょうばんしゅう》▲が会合し、その趣きを三宝院満済《さんぽういんまんさい》▲が将軍に伝えた。そのため「今参局は洛中《らくちゅう》に住むべからず、尾張守護代織田氏については、千代徳に補任権を返付する」との命がくだった。今参局は室町殿を離れ、大方殿《おおかたどの》重子は室町殿に帰った。管領以下は重子の主張する正論を採用したことになる。反面、義政の恣意《しい》は制限され、将軍の意志がそのままとおるものではないことを義政は認識したことであろう。中原《なかはら》

襲封直後はその乳父をつとめる。有馬持家《もちいえ》、今参局とともに「三ま(魔)」といわれた。

▼**宿老**　宿徳老成の人、すなわち経験年功を積んだ人の意。鎌倉・室町期には幕府の評定衆・引付《ひきつけ》衆が、戦国大名領では重臣がこう呼ばれた。村落の乙名《おとな》や江戸《えど》幕府の老中《ろうじゅう》、諸藩の家老《かろう》も宿老と呼ばれる。

▼**相伴衆**　室町幕府で饗応《きょうおう》の際、将軍に相伴する人びとの呼称。義政のころから三管の下という高い身分となり、有力守護大名家がこれをつとめた。

▼**三宝院満済**　一三七八～一四三五。父は大納言《だいなごん》二条《にじょう》師冬《もろふゆ》。義満の猶子となり醍醐寺で得度《とくど》、一八歳で醍醐寺座主、三宝院門跡《もんぜき》。東寺一《いちの》長者をかね、准三宮を宣《せん》下《げ》される。義満・義持・義教三代の将軍の護持僧。宿老会議の座長をつとめる。

康富《やすとみ》▲はこの結果に「天下惣別《そうべつ》の安全歓喜也」(『康』)と述べている。

近臣たちに囲まれる義政

義政は一四五五(康正元)年八月、日野富子を正室とした。この年義政は二〇歳で「右《う》大将」をかねる顕官《けんかん》の地位にあった。一四四〇(永享十二)年生まれの富子は一六歳であり、父は日野義資の息政光《まさみつ》(重政)で、兄は勝光である。

義政と富子の婚姻は、足利将軍家の義満以来の正室決定の慣行にならって行われたものであり、義政自身日野重子を母とするから、足利・日野両家にとっては、もっとも歓迎すべき婚姻であったといえる。

しかし青年将軍義政の周囲には、近臣《きんしん》たちがいて、義政の政治は近習(近臣)の意見に左右されることが多かった。さきの尾張守護代問題に口入した今参局は近習中の名門大館氏の持房《もちふさ》の従姉妹である。室町幕府には執政機関として管領があり、斯波氏や細川氏が交互に任じられたが、近臣奉公衆(番衆)と伊勢氏が政治に介入したのが、この時期の特徴である。

伊勢貞親《さだちか》は「政所執事」の地位にあり、この政所は室町幕府の職制では幕府財

▼**中原康富**　一三九九〜一四五七。外記局《げききょく》の官人をつとめ、日記『康富記』に公家社会の実態や世相を記している。和歌《わか》・連歌《れんが》にも通じていた。

日野氏略系図

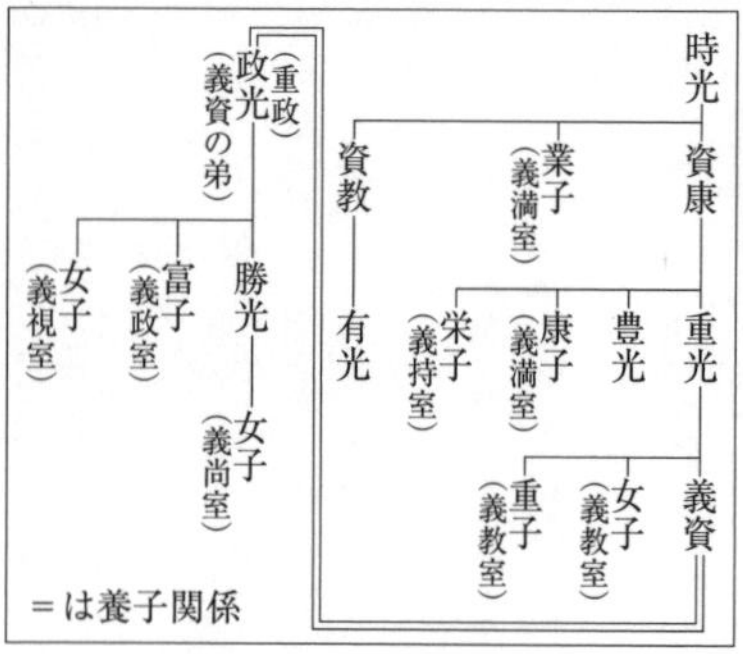

政を担当するきわめて重要な部署であった。義教時代には執事は将軍の側にあって公武・寺社の将軍への申入れを取り次ぐ「申次ぎ」という奏者《そうじゃ》の役割をつとめ、また「御内書《ごないしょ》」という将軍の指令・軍事催促・褒賞などを認《したた》める役をつとめる、まさに将軍の側近第一の地位を保っていた。政所の執事であるため、政所に限らず侍所などにつとめる奉行人▲の多くは伊勢氏の指揮下にはいっていた。そのうえ伊勢氏は重要な役職をかねたから、幕府御料所をあずけられていた。そのうえ独自に「被官」として比叡山の僧で高利貸業を営む者や、山城西岡《やましろにしおか》の「御被官衆」と呼ばれた幕府に組織された土豪層や、畿内近国の国人層などを配下においていたのである。

一四五五年正月、三人の男女の肖像画が張りだされ、「このころの政治はおそらくこの三ま(魔)からでている、それは御今《おいま》、有馬《ありま》、烏丸である」(『臥雲日件録《がうんにっけんろく》』。以下『臥』と略記)と世間に明るみにされた事件は、このころの政治状況を的確に示していた。義政は二〇歳で八月に富子と婚儀をあげている。御今は今参局、有馬は有馬持家《もちいえ》で将軍近習中の寵臣《ちょうしん》、烏丸資任は日野家の一族で、生後まもなくの義政を引きとったこともあるという。養育者や、側近、女房の意見に

▼**奉行人**　上位者の命を奉じて公事や行事を執行する担当者。出身は中・下級事務官で、官途《かんど》奉行、安堵《あんど》奉行など職務名が冠せられるようになる。平安時代から江戸時代まで職制のなかに位置づけられている。

左右される青年義政の姿がこの落書《らくしょ》からみえてくる。

それから四年後の一四五九（長禄《ちょうろく》三）年正月、今参局は呪詛《じゅそ》の罪で義政から流罪を言い渡される。その理由は、はじめて懐妊した正室富子の第一子が出産の直後になくなってしまい（「早産」とも「死産」ともいわれる）、これは今参局の調伏《ちょうぶく》によるとみなされ、今参局の嫉妬心から導かれた事件であると世間では噂した（『経覚私要抄《きょうかくしようしょう》』。以下『経覚』と略記）。日野重子と今参局の対立という前史を踏まえて、義政もついに今参局の処刑に踏み切った。十三日に召し捕えられた局は、十四日近江沖島《おうみおきしま》への配流《はいる》の決定を受け、十八日か十九日に「逝去」または「切腹」している（『蔭凉軒日録《いんりょうけんにちろく》』▲〈以下『蔭』と略記〉、『大乗院寺社雑事記《だいじょういんじしゃぞうじき》』▲〈以下『大』と略記〉）。配所に到着する以前に「切腹」したというのが事実であったと思う。

今参局は義政の乳母から側室となったから、義政に近侍して義政の青年期にはとくにその政治に口を差し挟んだようである、斯波氏の守護代問題に意見を差し挟み義政を動かしたように、政治担当部署ではない者が政治に口を差し挟むことを当時「口入」といったが、まさに局はこれを実行したのである。

『碧山日録《へきざんにちろく》』▲（以下『碧』と略記）は「大相公の嬖妾《へき》某氏」と、大館氏の娘で持房の

▼**『蔭凉軒日録』**　相国寺鹿苑院《ろくおんいん》蔭凉軒主の公用《こうよう》日記。一四三五～九三（永享七～明応二）年までが残存。京都五山、幕府政治や外交関係などに関する基本史料。

▼**『大乗院寺社雑事記』**　興福寺《こうふくじ》大乗院門跡の尋尊《じんそん》・政覚《せいかく》・経尋《きょうじん》の日記。一四五〇～一五二七（宝徳二～大永《たいえい》七）年にいたる。応仁の乱前後の基本史料。

▼**『碧山日録』**　東福寺の僧太《たい》極《ぎょく》の日記。一四五九～六三（長禄三～寛正四）年と六五～六八（寛正六～応仁二）年の記事が残存。応仁の乱前後の寺院や社会のようすを記す史料。

従姉妹であるという実名を隠したうえで「曽て室家《しっか》の柄を司り、その気勢焔々近づくべからず、その所為、殆ど大臣《おおおみ》の執事の如し」と述べている。今参局は義政の正室のごとく足利家の家内の実権を握り、気勢は絶大で、大臣家の執事のごとくあらゆる面で権限を発揮していたようである。義政婚姻時までの義政への口入は大目にみられたとしても、正室を迎えて以後は、世間は局が正室の権限を行使することは許さなかったのだろう。『経覚私要抄』の局評も同じく厳しい。「この五、六カ年、天下万事、併《ならび》に此身上に在るの由、謳歌の間、権勢を振い傍若《ぼうじゃく》無《ぶ》人《じん》也」とある。局の傍若無人の振舞いが可能であったのは、義政がこれを許したからである。「自害」するほどのきっぱりとした女性であったことにもよるが、局にこれほど権勢をふるわせたのは青年義政その人であった点はみのがせない。つまり義政青年期の政治は、婚姻以前は複数の乳母などの女性たちの「口入」の政治であり、義政の独自性はみられなかったといえる。

今参局の失脚以後、義政の周囲で発言力を増したのは、伊勢貞親である。貞親は父貞国《さだくに》の死後家督を継ぎ、一四六〇(寛正元)年から政所執事をつとめたので、財政・裁判に対する大きな発言力をもっており、また「御料所」をあたえられている奉公衆を配下におくことができた。今参局は足利家の家政部分から「口入」したが、伊勢氏は幕府機構のなかで義政を支援する部署にあったので、その違いは明白である。また貞親は長らく義政の「御父」と呼ばれ、貞親妻は「御母」と呼ばれたことからも、義政にとって貞親夫婦は養育者であった点が他氏と異なる。公私にわたり義政を支える立場に伊勢氏はいたのである。

義政はまた奉公衆を優遇した。将軍の側近く「番衆」として仕える奉公衆は、その役目柄、守護大名と同じく「在京原則」をあたえられていた。番衆の一人疋《ひき》田三郎左衛門《たさぶろうざえもん》が三河国《みかわのくに》に在国していたとき、守護一色氏の被官と喧嘩《けんか》になった。この事件をきっかけに幕府は奉公衆保護の法令を制定する。

一四六三(寛正四)年四月、「奉公の仁躰《にんてい》守護人に対し其咎出来《とがしゅったい》の時、注進《ちゅうしん》致すべき事」という法令がだされる。「奉公衆が在国しているとき、重罪をおかした場合、すみやかに守護に子細を注進して幕府の御成敗に従うべきである。万一守護が尋問もせず勝手に処罰したならば、それが道理にかなったものであったとしても、守護を厳罰に処す」という内容の法令である(室町幕府『追加法』二六六)。つまり守護は各国内の検断《けんだん》権(警察・裁判権)をもっていたから、通常は国内の喧嘩などの事件は守護が裁判したが、この法令は、奉公衆については在国中に重罪をおかしたとしても、守護には幕府への注進を義務づけるだけで、奉公衆の裁判は幕府が行う、守護が勝手に処罰したなら、たとえその処罰が道理にかなったものであっても、守護を処罰するというものである。守護の検断権から奉公衆を保護する目的でだされたのがこの法令であった。

奉公衆は将軍の側近集団として、義政時代、守護権から守られる特権武士集団であったことがわかる。奉公衆に囲まれ、伊勢氏や大館氏などの奉行層と日常的に接触する義政は、管領や守護大名の思う方向とは違った政治をめざそうとしていた。これが義政青年期の婚姻以後の政治形態である。

しかし、この義政の政治は軌道に乗ったのであろうか。

波乱の長禄・寛正期

一四五九(長禄三)年正月に、正室富子の死産に引き続いて今参局の処刑がなされたことは前述した。暗い年初めであった。早春のころから天候異変が続き、翌一四六〇(寛正元)年にはさらに深刻な不作となった。長期間の旱魃《かんばつ》に、蝗《いなご》の被害が加わり、京都周辺から備前・美作・伯耆《ほうき》や越前《えちぜん》にかけて惨状は厳しく、「人民相食《あいは》む」状況が生じた。越前国でも餓死者を多くだし、一四六一（寛正二）年から六二（同三）年にかけて、河口《かわぐち》・坪江荘《つぼえのしょう》▲（現、福井県あわら市・坂井市）では流亡者一万人を数えたという。

　また『長禄寛正記』は一四六一年からのあらたな「寛正の大飢饉」について、「同（寛正二）年ノ春ノ比《ころ》ヨリ、天下大キニ飢饉シ又疾疫《しつえき》悉《ことごと》クハヤリ」と、寛正の大飢饉は飢饉と疫病の蔓延が特徴であったことを記している。そのため「世上三分二餓死ニ及」ぶまでになったと死者の増大をうれい、「骸骨《がいこつ》衢《ちまた》ニ満テ道行人アワレ（憐）ヲモヨヲ（催）サズト云コトナシ」と惨状を描写している。一四五九年から六一年まで三年間、不作・飢饉・疫病が続き、それもますます深刻になっていたことがわかる。一四六一年の餓死者は京都で八万二〇〇〇人におよんだとされる。

　こうした惨状に心を痛めた時宗《じしゅう》の僧侶願阿弥《がんあみ》▲の努力が『碧山日録』に記されている。しかし概して為政者はこの惨状に無頓着で「大臣某」の行列は花見の帰り道、狂呼し、路傍で嘔吐するありさまであった。

▼**河口・坪江荘**　河口荘は現在のあわら市、坂井市坂井町に、坪江荘はあわら市、坂井市三国《みくに》町・丸岡《まるおか》町にあった荘園。いずれも興福寺大乗院の支配する荘園で、河口荘の総田数は約六〇〇町、坪江荘のそれは約六〇町。

▼**願阿弥**　生没年不詳。京都の五条橋を勧進で復興し、長禄・寛正年間（一四五七～六六）の飢饉に際しては勧進供養を行う。勧進集団を率いて六角長法寺南に流民を収容する家屋をつくり、粥の施行を行ったという。

義政はといえば一四五八(長禄二)年十二月に室町殿の再建を決めていたので、飢饉の最中、五九年から六〇年にかけて、御所内に会所《かいしょ》や泉殿《いずみどの》などの建物をつくり、泉水《せんすい》をつくり続けた。山名持豊をはじめとする諸大名は名石や銘木を運び入れるのに動員された。御所を一歩外にでると、鴨川《かもがわ》や路傍にすてられた死骸がころがっている状況を知らないわけはない。このようなときに室町殿の建設を進める義政に対して、後花園天皇は次のような漢詩《かんし》をつかわしている。

残民争採首陽蕨(残民《ざんみん》争《あらそ》って首陽《しゅよう》の蕨《わらび》を採《と》る)
処々閉炉鎖竹扉(処々炉を閉《と》じ竹扉を鎖《と》ず)
詩興吟酸春二月(詩興吟酸《ぎんさん》春二月)
満城紅緑為誰肥(満城の紅緑誰が為めに肥《こ》えん)

飢饉で生き残ったわずかの人びとはきそって都《みやこ》に萌え出た蕨をとって食にあてている、人びとの家は扉が閉じられひっそりと静まり返っている、ようやく春を迎え詩興がわく季節であるのに、かえって苦い悲しみに襲われる、都の燃えるような花や緑の木々は誰のためにこのような美しさを披露しているのであろうか。

このような漢詩を天皇から贈られると、義政は恥じて造営工事を中断したといわれる。しかし一四六二年当初からは、実母重子のために高倉《たかくら》御所の造営を始め、とくに泉水は善阿弥《ぜんあみ》▲を使って西芳寺《さいほうじ》にならい美事な枯山水《かれさんすい》の庭園をつくらせた。つまり室町殿の造営は中断したが、かわりに高倉御所を建設したから、後花園天皇の訓戒が効を奏したのは一時期にすぎなかったことになる。義政には世間の惨状は届かず、趣味の庭園建築への傾倒をおさえられない弱さがあった。

室町殿の造営完成は一四六四(寛正五)年で、あらたに泉の西殿《にしどの》という新殿が加わり、泉水もさらに改良されていたという。ここへは後花園院が十一月に行幸《ぎょう》し、その翌日見物を許された相国寺《しょうこくじ》の季瓊真蘂《きけいしんずい》▲が「その華麗その珍宝種々ほとんど枚挙すべからず」(『蔭』)と賛美するほど美事なものであったようである。

飢饉と疫病の流行で、人びとが死に絶え、人口が三分の一にまで減少し、骸骨をほうむる人すら減少している現状に、何年間も目を覆っていた為政者集団の怠慢、とくに足利義政の無策というより現実逃避の文化耽溺《たんでき》には、怒りすら覚える。

▼**善阿弥**　生没年不詳。室町時代の水墨画《すいぼくが》の鑑識者、あるいは模作者と推定される人物。

▼**季瓊真蘂**　一四〇一〜六九。室町前期の臨済宗《りんざいしゅう》の僧。赤松氏一族上月《こうづき》氏の出身。義教の命で五山官寺《かんじ》を統轄し、蔭凉職《いんりょうしき》と呼ばれた。嘉吉の乱で職を退くが、義政の代には信任厚く、政治に容喙《ようかい》。

飢饉の終焉と糺河原猿楽

室町期最大の飢饉といわれる「寛正の大飢饉」がようやく終ったのは一四六四(寛正五)年のことである。四月、三日間にもおよぶ猿楽《さるがく》の興行が義政主催で糺《ただす》河原《がわら》で行われた。興行の名目は、鞍馬寺《くらまでら》の塔修造費用を勧進《かんじん》で集めるためである。四月五日に能《のう》七番、狂言《きょうげん》六番、七日に能七番、狂言六番、十日に能一二番、狂言一一番が演じられた。演じ手は義政お気に入りの音阿弥《おんあみ》をはじめとする観《かん》世座《ぜざ》▲である。音阿弥は世阿弥《ぜあみ》の甥で、義教時代、佐渡《さど》配流の処罰を受けたが、義政時代に息を吹き返した人物である。同時代の今春禅竹《こんぱるぜんちく》(世阿弥の女婿)の枯れた能に対して、華麗な能を得意としたといわれる。

この糺河原勧進猿楽の舞台は次のようなものであった。

円形の舞台につくられたのは、野外で多くの人びとに観賞させるためであろう。この舞台のまわりには桟敷《さじき》が設けられた。正面中央に神が降臨《こうりん》して猿楽を御覧になる桟敷、その左側に「公方」義政の桟敷、右側には「上様《うえ》」の桟敷が構築されている。上様とは義政正室富子のことである。義政の左には後継者と決めていた義政弟義視《よしみ》、青蓮院殿《しょうれんいんどの》・梶井殿《かじいどの》という皇族、管領細川勝元、畠山・山

▼**観世座**　大和猿楽四座の一つ。古くは結崎《ゆうざき》座といった。ここから観阿弥がでて観世座を確立。観世は観阿弥の幼名。

名・一色・京極《きょうごく》・土岐などの守護大名の桟敷がならび、富子の右には日野家、二条家の公家、聖護院《しょうごいん》・三宝院・南都《なんと》大乗院・石清水善法寺という寺社に続いて、細川一族の諸大名、六角《ろっかく》・畠山一族がならんでいた。その次は伊勢氏、続いて赤松氏、そして橋掛かりの一番近くには、寄付を集めた勧進聖《ひじり》の座席が拵《こしら》えられていた。神の降臨する座席、公方と御台所の座席には仕切があるが、ほかは仕切なしで舞台を広くみることができる。舞台の周囲には、六五間《けん》(一間＝約一・八メートル)以上の桟敷が設営されていることがわかる。

義政には六人の小者《こもの》が、富子には五〇人もの中間《ちゅうげん》が直垂《ひたたれ》を着て従っていた。彼らも猿楽を見物したことは疑いない。猿楽の演者も「すハふはかま(素襖袴)」を着し日ごとに装束の色をかえており、趣向を凝らした舞台であった。

この勧進猿楽は、飢饉からようやくぬけだした日本の、武家・公家・寺社から勧進聖までの上下の和合のセレモニーであったことがわかる。

では一般大衆はこの猿楽を見物したのであろうか。その答えは『蔭凉軒日録』など当時の僧侶の日記に記されている。初日四月五日の記事には「午後御成《おなり》、能は七番、之を観る者若しくは千人、挙ぐべからざる数也」とある。桟敷は六

桟敷のようす（「奈良水屋能《みずやののう》図《ず》」部分）

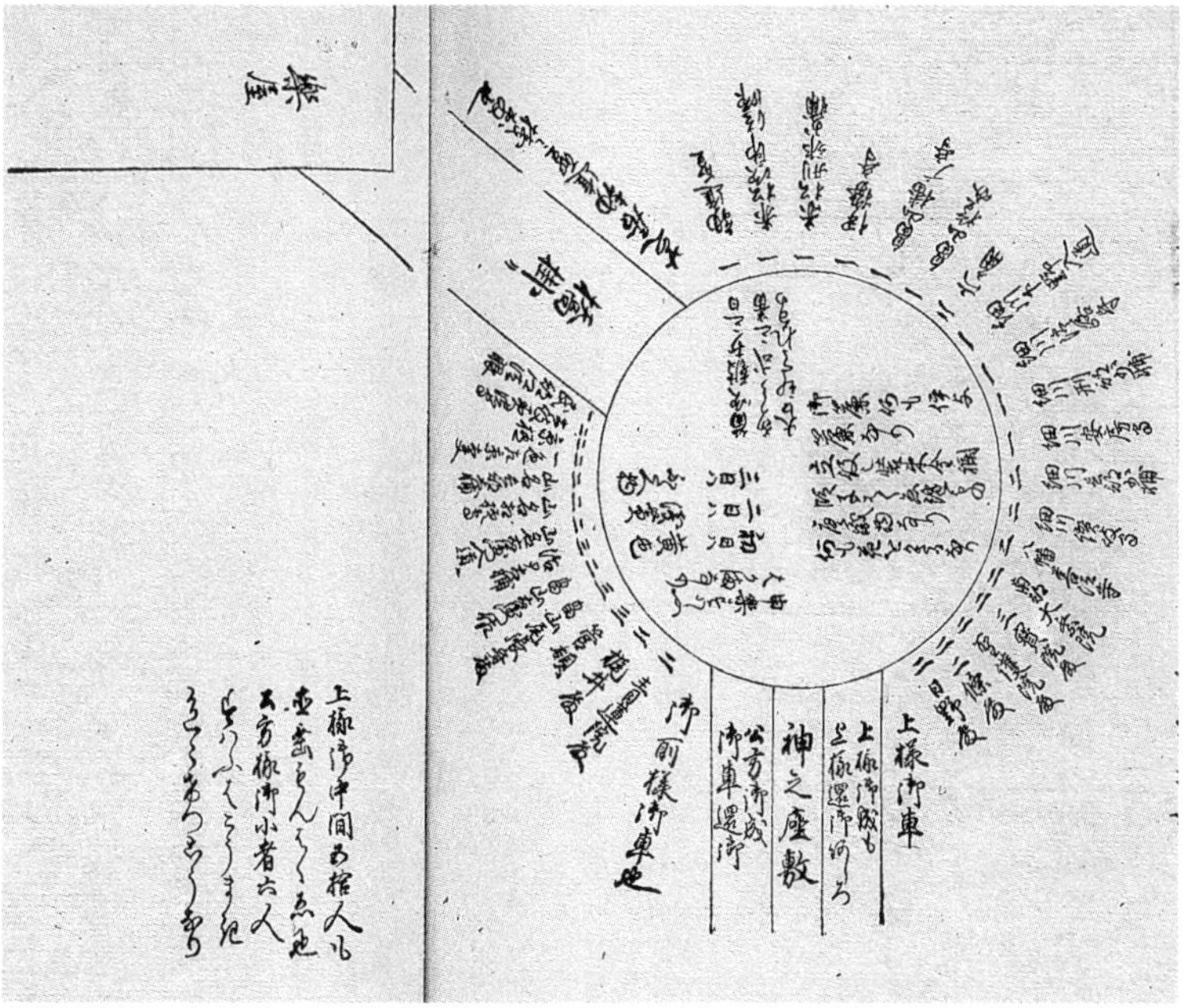

猿楽の舞台（『異本糺河原勧進申楽記』）　義政・富子夫妻が神の座敷の両側に席を設け，大勢の大名や公家，それに庶民たちと猿楽を鑑賞。円型の舞台が野外に設けられた点が，室町時代の特徴をあらわす。

五間で、歴々の人びとは二間ないし一間の桟敷で見物しているから、桟敷で見物したのは、三四人にすぎない。ところが「見た者は千人にも上ろう」と記されているから、桟敷のうしろを大勢の見物人が取りまいて猿楽をみたことになる。公方・御台所・大名衆・寺社は多くの従者をつれていただろう。そのほか一般庶民もこの猿楽を観賞し、楽しんだことはまちがいなかろう。

　猿楽は室町期の庶民層にもたいへん好まれていた。一四四六(文安三)年三月に伏見で催された田楽《でんがく》▲や能は、住心院《じゅうしんいん》の実意《じつい》大僧正《だいそうじょう》の主催で、伏見宮・四条《しじょう》・庭田《にわた》家らを招待して二日間行われた。この見物人について、「貴賤群衆の人、能ごとに感声(歓声)を尽す」「今日見物の類前日に超過す、庭にあまる者は木枝にのぼる」と記されている(『文安田楽能記』▲)。寺院で公家を招待しての猿楽や田楽の演技は、少数の者が楽しむためになされたのではなく、多くの人びとに開放されており、庭にはいりきれない見物人には近くの木にのぼってでもみたいと思わせるほど、庶民にも愛好されていたことが示されている。二日目には前日のありさまを伝え聞いた人びとがさらに大勢で見物にきたであろう。また見物人たちも、けっして静かに見物してはいない。能ごとに歓声をあげるのであ

▼**田楽**　田遊びに起源をもつ神《しん》事《じ》芸能。平安《へいあん》期より職業芸人が出現、田楽座ができ、鎌倉期から南北朝期に都市で大流行したが、猿楽が栄えたのに反比例して衰える。

▼**『文安田楽能記』**　一四四六(文安三)年聖護院院主《いんしゅ》住心院実意が催した田楽能の記録。伏見宮貞《さだ》常《つね》親王や義政の弟を招いて行った。猿楽に人気を奪われてゆく田楽の、最後の栄光を伝えるとされる。

る。現在とは違った、騒々しいが活気のある、庶民文化でもある田楽・猿楽の姿がここにはある。

糺河原の勧進猿楽では観世大夫《かんぜだゆう》などの演者に、初日には御服や小袖《こそで》が八三、二日目には小袖九一、三日目には六三などが纏頭物《かずけもの》としてあたえられ、三日間とも観世大夫には一万疋《ひき》がつかわされた。一万疋というと、大名大内氏《おおうち》が正月に将軍家に対して献金した額と同じである。猿楽能の名手たちは室町期、どれほど高い評価をえていたかが、この賜金の額からもわかるのである。

糺河原の勧進猿楽は、公方から庶民まで広く愛好された芸能・猿楽能を庶民にも開放する形式で、野外で大々的に興行することによって、将軍家の権威を示し、寛正の大飢饉からの回復を宣言し、人心の一致をはかる文化政策であった。文化によって人心の収攬《しゅうらん》ははかられ、それは成功した。「公方の御威勢に人又《また》服し、天又《てん》感」じたのであり、庶民は「壮観」と感激し、「千載一遇」と喜んで、「天下太平《てんかたいへい》(泰平)」(『蔭』)を祝したのである。この時点での猿楽興行は、庶民から公方までがこよなく愛した猿楽能を統合の手段としたことによって成功し、足利政権のしばらくの安泰を保証したのである。

糺河原の猿楽能を桟敷で見物した人は男性が圧倒的に多い。女性の名は少数で、「上様」富子のほかには、伊勢守の母と伊勢守の「御女中《おじょちゅう》」(妻)だけである。伊勢氏は義政の養育を担当したから、親族なみに扱われたのであろう。従者の記載では、富子の中間五〇人の数が群をぬいている。つまり、この猿楽は、一四六三(寛正四)年に亡くなった義政実母重子にかわって、義政正室富子が将軍家家政を統括する立場にのぼったことを、天下に宣言する機会でもあったことを意味する。神の座の両側に、公方と御台所の座席が別々に設けられていたことは、公方につぐ為政者として御台所が存在することを、世間に知らしめ、また神の前にそのことを提示して承認を求めたことになろう。富子は義政に従属する正室ではなく、公方に対等な、公方につぐ高い地位にある正室であったことがわかる。

農民闘争と足利義政

義政の時代は、糺河原の猿楽開催時のように被支配者・農民との関係がうまくいっていた時期はむしろ少なく、土一揆が何度も京都を襲った。

中世後期の農民闘争は、闘争主体や目標から分類すると、次の三種類に分類される。

(1)荘家《しょうけ》の一揆

(2)土一揆(徳政一揆)

(3)国一揆

(1)荘家とは荘園《しょうえん》のことである。この一揆は、荘園内部で年貢の減免を要求したり、代官排斥を求めて農民が領主に対して一揆行動を起こしたもので、強訴・逃散《ちょうさん》▲から一揆▲にいたるまで幅広い内容を含んでおり、南北朝《なんぼくちょう》期からみられ、中世後期の全時期に起こった基本的な一揆である。

(2)農民闘争が荘園の枠を越えて広がり、領主の違いを越えて拡大し、その要求も個別領主に対するものではなく、徳政令の発布を要求したり、関所《せきしょ》設置に反対するなど、広域の統一要求に変化している。「百姓《ひゃくしょう》」すなわち農民・商工業者を主体とする一揆を、狭義の土一揆と呼ぶ。土一揆の要求は幕府への徳政令発布であることが多いので、この一揆は別名徳政一揆とも呼ばれる。

(3)国一揆とは山城国一揆に代表される一揆で、この一揆の主体は百姓ではな

▼**強訴・逃散**　寺社の衆徒《しゅと》・神《じん》人《にん》が神威を振りかざして主張した集団行動を強訴と呼んだ。のち百姓の一揆を権力側は強訴と称した。逃散も、古代班田《はんでん》農民の逃亡・浮浪が、平安末期より逃散と呼ばれ、農民闘争の一形態となった。

▼**一揆**　中世の武士や農民の一致・結束した集団とその闘争の形態をこう呼ぶ。武士の一揆は血縁的要素からしだいに地縁的要素が濃くなり、農民を主体とする土一揆へと連なった。

土倉(『春日権現験記絵《かすがごんげんけんきえ》』部分)

▼**本年貢**　荘園領主におさめる年貢を地子《じし》・乃貢《だいこう》・土貢・本年貢などと呼び、米納が普通であった。地域によっては絹・布・金などでもおさめられたが、しだいに銭納化に向かった。

く、国人領主であり、百姓はそのまわりを取りまいて成り行きをみまもり、無言の賛意を示していた。したがって百姓を主体とする土一揆とは異なっている。国一揆は大小さまざまな規模で、京の周辺や地方で起こった。

中世後期にこのように多様な農民闘争が多発したのは、室町期以後、都市の経済発展が著しく、とくに京都は武士・公家・寺社が集住し、年貢・公事《くじ》が全国から運ばれ、また必要な物資が全国に求められたからであり、貿易によってもたらされる「珍奇」な唐物も、京や奈良に多く集まってきた。また農村においても肥料の改良や稲の品種改良、二毛作《にもうさく》・三毛作の普及、用水確保の進展などによって、収穫量が鎌倉期より上がり、加持子名主職《かじしみょうしゅしき》が成立したことの影響が大であった。加持子名主職部分は本《ほん》年貢▲よりも概して大きかったので、それが売買されると、買徳した者には大きな収入となる。また買徳は自由に行えるので、加持子名主職の移動は盛んであった。買徳したのは、土倉《どそう》や在地の土豪層、それに荘園領主などである。こうなると飢饉の年などは、加持子分は納入されず未進《みしん》となるので、借銭《しゃくせん》はこの部分まで広がることになる。本年貢自体も、借銭返済を優先したい人にとっては、未進になっても収穫した米は荘外に売りにだそうとするので、領主と紛争を生じる。本年貢と加持子は切り離せない関係にあった。そのため(1)と(2)もまた深く関係していたのである。

さらに「一揆」にはもう一つの用例がある。それは国人領主や土豪層に多くみられる「一揆結合」である。安芸《あき》の小早川《こばやかわ》氏の庶子家は傘連判《からかされんぱん》の形で署名し、惣領家の無理難題に対する一致結束を約している。このように集団の力で物事を解決しようとする傾向は、畠山持国の有力家臣《かしん》が「衆議」で物事を決したように、武士階級だけでなく広く百姓にも、寺院でも、中世後期にはみられた。農民が村落共同体「惣」の掟《おきて》をつくったり、惣有田を交代で耕作したり、宮座《みやざ》で集団で神事を執行したりすることは、議論や起請の場が広く存在したことを示す。有資格者多数での相談、まとめ、起請文《きしょうもん》作成、実行という作法は、中世後期の時代的特徴であるので、この時代は別名「一揆の時代」と呼ばれている。

義政執政期には徳政一揆が多発した。応仁の乱以前の徳政を要求する土一揆の代表的なものをあげると次のようになる。

正長元年徳政一揆—私《し》徳政、近江・奈良に徳政令

嘉吉元年徳政一揆—馬借《ばしゃく》・農民の蜂起、京の七口《ななくち》封鎖、山城一国徳政令、

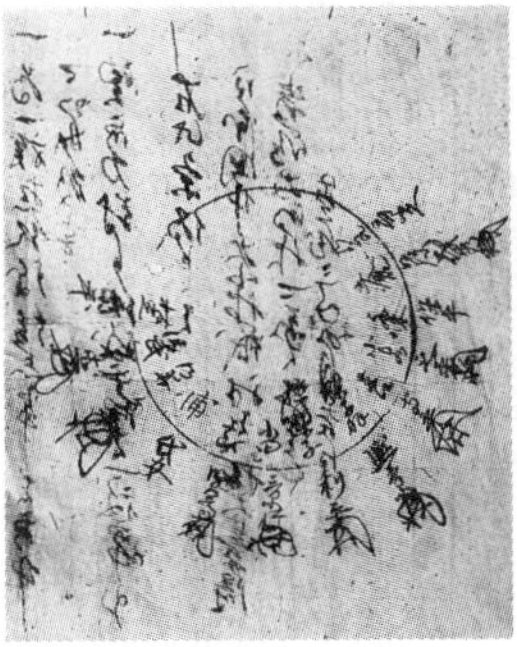

傘連判（「小早川家文書」） 安芸の国人領主として成長した小早川氏の庶子家一三人は、一四五一（宝徳三）年九月、連判して一揆契約を結び、小早川惣領家の無理な言い分などに対抗することを約している。傘連判の代表例。

柳生《やぎゅう》の徳政碑文

米の陸上輸送を担当した馬借（『石《いし》山寺《やまでら》縁起絵巻』部分）

　　嘉吉徳政令
文安四年徳政一揆―近江・河内・山城・奈良・洛中に一揆
享徳三年徳政一揆―醍醐《だいご》・山科《やましな》の関所反対一揆、徳政一揆、私徳政、分一《ぶいち》
　　徳政令
長禄元年徳政一揆―河内の新関反対一揆、京都土一揆、一揆に対して土倉
　　軍組織、私徳政、分一徳政禁制
寛正三年土一揆――大土一揆が京を包囲し、賀茂社《かもしゃ》・東寺《とうじ》などを占拠、蓮《はす》
　　田兵衛《だひょうえ》が張本人《ちょうほんにん》、大名軍が鎮圧
寛正四年徳政一揆―義政の鎮圧策奏功し、しずまる

正長土一揆は将軍義持の死後、義教継承以前に起こったもので、一揆は播磨に波及したため、守護赤松氏が討伐にあたった。嘉吉一揆は義教死後に起こった大土一揆で、将軍がかわることによる「代替わり徳政（善政）」を求めた一揆であった。赤松満祐が将軍義教を暗殺した直後に蜂起した一揆は、幕府軍が赤松討伐に乗りだすことをみぬいて、徳政を要求し、まず山城一国の徳政令をださせ、満祐ら赤松一族の敗死後、幕府に「天下一同」の徳政令を発布させている。

文安四(一四四七)年の一揆は、春日社《かすがしゃ》造替段銭《たんせん》▲の徴収に反対する百姓の不満の鬱積が、加賀富樫《かがとがし》氏▲の内紛によって幕府政治が混乱している間隙《かんげき》をついて一揆に成長したものである。一揆方として山城西岡の土豪たちの洛中侵入もあり、彼らのなかには畠山氏の被官も多かった。幕府軍が鎮圧に成功した例でもある。

享徳三(一四五四)年の一揆は、まず醍醐・山科の郷民《ごうみん》が東福寺《とうふくじ》の関所設置に反対し、関所を破壊したので、東福寺はやむなく関所を廃止した。その後徳政一揆が蜂起し、私徳政▲を実施、一揆の要求が叶えられる段階になったとき、幕府は「分一徳政令▲」をだして、幕府に分一銭をおさめた借主にのみ徳政を認めるという、幕府財政補塡策を編みだすのである。

長禄元(一四五七)年河内で起こった新関反対一揆は京都に波及し、土一揆のため東口が塞がれる。これまで私徳政に強く対抗してこなかった土倉は、このたびは傭兵《ようへい》をかかえ、それに伊勢氏の家臣や大名軍が援兵となって一揆に対処したのが、この一揆の特徴である。土倉軍は因幡堂《いなばどう》、一揆は東寺や三十三間《さんじゅうさんげん》堂《どう》に籠もってにらみあった。ついで騒動は洛中中心部に移り、京郊の農民たちも馬借などを先頭に洛中に乱入、土一揆の勢力は強く、私徳政が実施され、土

▼**段銭**　中世、臨時に課された公事の一つ。田の面積に応じて段別を基準に課された。棟別銭とともに室町幕府の主要財源となった。

▼**富樫氏**　加賀の在庁官人《ざいちょうかんじん》から身を起こし、鎌倉末期より守護、半国《はんごく》守護をつとめ、武将として活躍したが、戦国期に一向一揆や国人に攻められて断絶。

▼**私徳政**　室町期、幕府の徳政令発布を待たず、土一揆がみずから実力で実施した徳政。

▼**分一徳政令**　室町時代、徳政令の頻発にともない幕府が一四五四(享徳三)年にはじめて実施した法令で、債務者(借主)から借銭の何分の一かの分一銭を上納させて債務の破棄を認めるという法令。

倉は質物をつぎつぎにだした。この質取は「田舎者《いなかもの》」はただでとったが「京都の者」は十分一という分一銭をだしてとったことで有名である。田舎者とは京郊の農民で、京の土倉に借銭のあった人びとのことであろう。京都の者とは、洛中の住人（農民・商工業者・公家・寺社）のことであろう。分一銭分を自主的にだして質物を取り返したことになる。こうしなければのちの借銭に差しつかえるからであろう。南都大乗院の経覚▲も十分一を払って借書《しゃくしょ》を取り返している。私徳政がしずまりそうな時点で、幕府は「分一徳政禁制」をだす。これは一定期間内に分一銭を幕府に払った土倉など債権者の債権を認め、その期間がすぎてからはじめて借主側からの棒引き申請を受けつける、という巧妙な政策で、その本質は貸手側の保護にあったから、「分一徳政禁制」と呼ばれている法令である。

個別の多くの貸借関係から一揆が発生し、高利貸である土倉が疲弊しはじめた情況のなかで、幕府財政の補塡をはかる政策として、「分一徳政令」や「分一徳政禁制」はだされていることがわかる。

寛正三（一四六二）年の大一揆以後、一揆側の張本人の名前がわかるほど、一揆側は組織的に進化する。一方、幕府では、大名や侍所所司多《た》賀《が》高忠《たかただ》▲らが鎮圧

▼**経覚**　生没年不詳。『経覚私要抄』（二〇ページ参照）の筆者。興福寺別当・大乗院門跡。

▼**多賀高忠**　一四二五〜八六。父は高長《たかなが》。京極氏の重臣。侍所所《しょ》司代《しだい》をつとめ応仁の乱では東軍に属した京極氏のもと、近江・京都で戦う。京極氏の内訌《ないこう》にかかわるが、所司代としての事績を残す。武家故実《こじつ》にも通じていた。

▼**太良荘**　福井県小浜《おばま》市にあった東寺領荘園。領家《りょうけ》職と地頭《じとう》職が東寺に寄進され、東寺一円領となった荘園。

に乗りだし、大名や奉公衆の被官に対して一揆に加わることを禁じるなど、下級武士を鎮圧側に残らせる努力を始める。在京の大名被官のなかでも下級の者は、国元を離れて消費生活を送るので、土倉に借銭することが多く、一揆側に加担することになった。また大名や奉公衆の被官となった京郊の土豪たちは、日常は惣結合の指導者であったので、この階層も一揆に参加した者が多い。こうして一揆に参加しなくても、心中では一揆に加担している土豪や大名の下級家臣層を、一揆側から引き離そうとしたのが、寛正段階の幕府の方針であった。

土一揆・徳政一揆の主体は農民や商工業者である。彼らの一揆蜂起を単に経済的な貸借関係からのみ理解するとその本質をみあやまる。土一揆は為政者の失政を糺し、将軍が「代替わり」したならば善政を行うべきだという、貢租《こうそ》負担者からの権利要求の意味がこめられている。南北朝期に若狭太良荘《わかさたらのしょう》▲の農民が、荘家の一揆でみずからを「御百姓」と呼んだのと通底する。室町期の農民・商工業者はその社会的役割を自覚し、権利意識を高めていたのである。農民や商工業者が主体となって蜂起した土一揆は、けっして暴徒の集まりではなく、村落共同体(「惣」)ごとに参加し、組織立っており、日常的にも集団として「衆議」をつくして結論を導く訓練がなされており、分一銭を自主的に払って相対《あいたい》で借書を破る余裕をもった集団であった。また彼らは文化の享受においても、猿楽を木にのぼってもみるような活力をもっていたのである。

義政が相手にしたのは、このように集団で行動を起こすことに習熟した、理知的な一揆であったことが、一揆に対処する方法を考える義政青年期の政治を支え、室町幕府の延命につながったと思う。

②──応仁・文明の乱

乱の原因

糺河原《ただすがわら》で猿楽《さるがく》の興行が三日間にわたってなされ、観衆の「上下」が心を一つにした年の後半から、早くも応仁《おうにん》・文明《ぶんめい》の乱《らん》の芽が生じた。最大の乱の芽は畠山《はたけやま》氏の継承問題である。これを基軸に、どうして乱の原因が成長したのかを、畠山・細川《ほそかわ》・山名《やまな》氏らの動向のなかでみることにする。

一四六四(寛正《かんしょう》五)年四月の猿楽能《のう》興行のあと、九月に管領《かんれい》が交代し、畠山政長《まさなが》が管領となった。政長は畠山持国《もちくに》の実子ではなく甥である。持国は義政の兄義勝《よしかつ》時代の幕政《ばくせい》をリードし、義政将軍襲封《しゅうふう》の後押しをした。その持国は、一四四八(文安《ぶんあん》五)年家督《かとく》を側室《そくしつ》の子である義就《よしなり》に譲ったが、重臣《じゅうしん》たちの反対で洛中《らくちゅう》で義就を討ち、家督継承をめぐる内紛の存在を世間にさらけだした。重臣たちは、持国の甥政長を家督に就けようとした。長らく管領として幕府内に重きをなした持国は、晩年にこの内紛をかかえたので、一四五五(康正《こうしょう》元)年、義政が富子と婚姻した年に、失意のうちに五八歳でこの世を去る。

畠山持国についで一四四五(文安二)年一六歳で管領となった細川勝元《かつもと》は、三〇(永享《えいきょう》二)年細川宗家《そうけ》に生まれていた。元管領細川持之《もちゆき》の嫡子である。勝元は一三歳のとき、持之の死によって宗家を嗣いでいた。勝元が正室《せいしつ》に山名持豊《もちとよ》の娘を迎えたのは、勝元の家督継承後の、細川宗家が不安定な時期であったからである。

細川勝元は、義勝から偏諱《へんい》をもらい「勝元」と呼ばれ、義勝・義政兄弟の将軍時代を生きた武将である。生涯に三度管領をつとめており、一四四五年から四九(宝徳《ほうとく》元)年と、五二(享徳《きょうとく》元)年から六四年までの二度に加えて、六八(応仁二)年から七三(文明五)年までの応仁・文明の乱中に「東幕府《ひがしばくふ》」▲の管領となった。通算二一年余りというと、勝元の生涯四四年の半分は管領職にあったことになる。

勝元は畠山氏の内紛では政長を支援し続けた。支援することで、管領として大きな影響力を築いていた畠山氏の勢力削減を狙っていた。勝元が山名持豊の娘を妻にしたのは、畠山氏に対抗するため、持豊を味方につけたかったためであろう。

畠山氏略系図

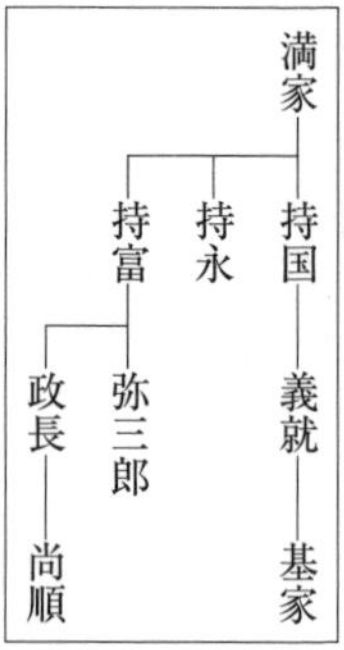

▼東幕府　応仁の乱の勃発により、幕府も一時期東・西に分裂する。一四六八(応仁二)年、将軍義視—管領斯波義廉の体制がつくられ、東軍に対抗した。この体制を「西幕府」と呼ぶ。一方、西幕府の成立に対抗して応仁二年から東幕府が成立。

畠山持国の死の三年ほど前、青年勝元と、家督を譲って宗全《そうぜん》と名を改めていた山名持豊の連携が成立、二人はこぞって政長を推したので、畠山持国対細川勝元・山名宗全という図式が十五世紀半ばには描かれるようになった。

乱の勃発と義政の態度

一四六七(応仁元)年正月十七日、畠山政長は自邸などに放火したあと、軍勢を率いて上御霊社《かみごりょうしゃ》に向かい、その林に立てこもった。これは細川勝元の決起をうながすためであった。なぜなら細川邸はこの神社の西側にあったからである。

一方、山名方は以前より防御施設構築に専念し、近衛政家《このえまさいえ》邸の樹木が山名方の朝倉孝景《あさくらたかかげ》▲(敏景《としかげ》)によって逆茂木《さかもぎ》として徴発されている(『後法興院政家記《ごほうこういんまさいえき》』)。

申刻《さるのこく》(午後四時ごろ)には畠山義就軍と朝倉軍などの山名方の軍勢が政長方への攻撃を開始、政長は勝元に対し決起をうながしたが、勝元は動かなかった。その理由は将軍義政の態度に根差していた。義政は「畠山氏の争いに味方してはならない」と大名《だいみょう》たちに命じていたからである。一方の巨頭山名宗全もこの

山名氏略系図

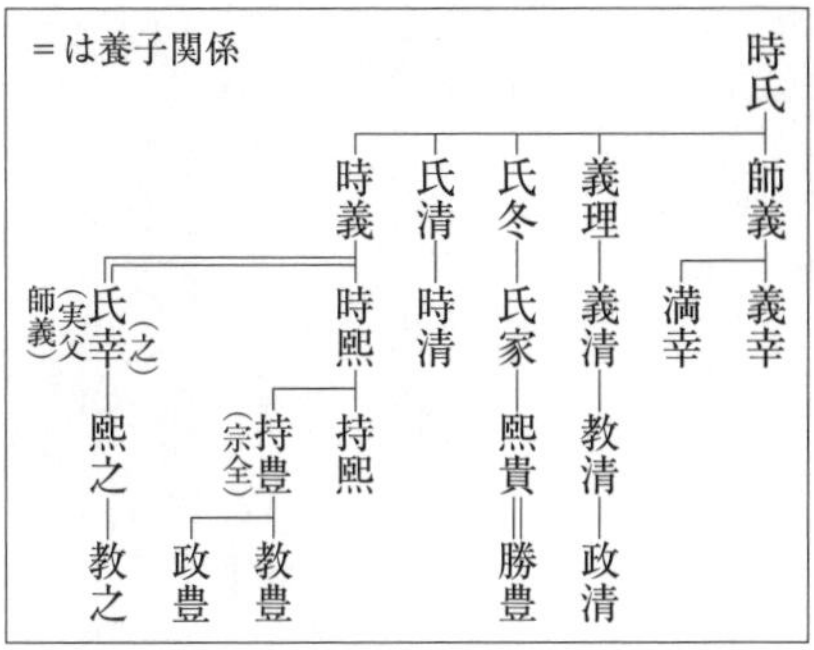

▼**朝倉孝景**　一四二八〜八一。父は家景《いえかげ》。斯波氏三家老《かろう》の一人であったが、守護代甲斐《かい》氏を押さえて越前《えちぜん》を領し、一乗谷《いちじょうだに》に築城。応仁の乱で西軍から東軍に転じ、斯波氏にかわって越前守護となる。

上御霊社と社頭に建てられた石碑（京都市上京《かみぎょう》区）

▼**大館持房**　一四〇一〜七一。父は満信《みつのぶ》。弟持員《もちかず》とともに義持・義量《よしかず》の近習・申次ぎをつとめる。子は教幸《のりゆき》、教氏《のりうじ》、景徐周麟《けいじょしゅうりん》、佐子《さこ》など。

ときは兵を動かさなかった。

　しかし将軍邸「室町殿《むろまちどの》」は山名方に組み込まれてしまったので、宗全方大名が出入りすることになった。ただ将軍義政は右のように乱の初期には毅然とした態度を堅持しており、それを支えて中立を守らせたのは、奉公衆《ほうこうしゅう》（番衆《ばんしゅう》）であった。たとえば五番番衆筆頭大館持房《おおだちもちふさ》▲は、番衆八〇余騎とその家臣《かしん》「数千人」（「大館持房行状《ぎょうじょう》」）を率いて将軍を守ったという。七〇歳におよぶ高齢の持房が、義政の意図をくんで甲冑《かっちゅう》を着けず平服《へいふく》で床に坐して将軍を警護している。

　勝元が動かないのを知って、政長は上御霊社に放火したが、軍勢はその夜ちりぢりになった。戦闘が一時的にしろ終息したので、室町殿に避難していた天皇・上皇《じょうこう》は内裏《だいり》に帰り、幕臣《ばくしん》も幕府に出仕しはじめた。しかし政長をみすてた形の勝元方には非難が集中、そこで勝元は宗全方に対抗して大動員を始めた。

　三月の応仁への改元《かいげん》に続き、五月には、勝元方の大名の分国《ぶんこく》で戦闘が始まり、また京へも両軍の軍勢がのぼり、東西の陣ができあがる。勝元は室町殿の北東に陣地を築き、細川一族や京極《きょうごく》・赤松《あかまつ》・武田《たけだ》・斯波《しば》らの大名衆、備後守護《びんごのしゅご》山名是豊《これとよ》、大和《やまと》の成身院光宣《じょうしんいんこうせん》、それに京都西岡《にしおか》の土豪《どごう》たちを集めて、一六万余の軍勢を擁した。一方、宗全方は一族のほか斯波・畠山・土岐・六角《ろっかく》・一色《いっしき》などの大名勢が中心で九万余り。現在の西陣《にしじん》に陣所を定めた。しかし八月には宗全方として周防《すおう》の大内政弘《おおうちまさひろ》▲が上洛《じょうらく》してきたので、一一万六〇〇〇余に達した。

一四六七年八月ごろ義政の住む室町殿は勝元方の陣に囲まれていたが、奉公衆は室町殿の門を閉ざして義政を守る努力を続けている。義政はこの段階でも中立の立場・両陣営のなかに立って戦闘を止めさせる態度を持続していた。

ただし義政はこの年六月に勝元に将軍旗をあたえるという矛盾する行動を示していたが、乱の初期には、義視《よしみ》▲を次期将軍と決めており、両軍が戦闘を開始し、それを続けようとすることを、将軍として上から停止させる方針をもって行動していたことはまちがいなかろう。

しかしこのとき義政が旗を勝元にあたえたことによって、義政—義視—勝元ラインが正当と認められたことになり、以後の二カ月余のあいだに、義視が宗全贔屓《びいき》の者を近習《きんじゅう》でも女房《にょうぼう》でも、ことごとく御所《ごしょ》から追い出し、飯尾為数《いいおためかず》父子を殺したので、「近日上意《じょうい》厳密恐るべし〳〵」(『大』)と周囲の人びとは恐怖感をいだいた。このように乱の初期、義政は将軍として、後継者と認定している

▼**大内政弘**　一四四六～九五。父は教弘《のりひろ》。父の死後家督を継ぎ周防・長門《ながと》・豊前《ぶぜん》・筑前《ちくぜん》などの守護。応仁の乱では西軍の武将として戦う。一四七四(文明六)年幕府に降伏し、領国に帰り、支配強化に専念。幕府の近江遠征に軍勢を派遣した。

▼**足利義視**　一四三九～九一。父は義教。義政の弟。浄土寺《じょうどじ》に入室し義尋《ぎじん》と称していたが、一四六四(寛正五)年義政の後継に指名された。これが応仁の乱の一因となり、伊勢貞親らと対立、伊勢などに逃れた。乱中西軍の将軍格となった。

義視と歩調をあわせ、義視の断固たる方針を認めており、内乱の拡大も阻止しようと考えていたようである。義政は乱の初期、はじめてみずからの政治を展開したのである。その義政の政治姿勢は、奉公衆によってしっかりと守られていたこともわかる。

乱の変貌

応仁・文明の乱は、緒戦や一四六七(応仁元)年十月の相国寺《しょうこくじ》の戦いの華々しさにもかかわらず、幕府が東西に分かれて並立したことによって、七〇(文明二)年ごろには両雄が戦意を失い、山名宗全は中風《ちゅうふう》で花押《かおう》も書けなくなり、細川勝元は禅《ぜん》や医学書に興味が移り、厭戦《えんせん》気分がトップの側から蔓延しはじめ、和平を望むようになった。一四七二(文明四)年には宗全と勝元は内々で和平交渉を始めたが、家臣や味方の大名の反対にあっている。そして一四七三(文明五)年三月、七〇歳で宗全が死去、五月には四四歳で勝元が風邪でなくなる。

一方の将軍後継者候補・義視は、一四六七年八月に早くも伊勢《いせ》守護北畠《きたばたけ》氏のもとに「没落」し、義政の上洛の勧めにも応じなかったが、六八(応仁二)年九月に上洛、勝元の東軍の陣にはいるが、閏《うるう》十月にはふたたび義政のもとを去った。義視が入京したあいだ、伊勢貞親《さだちか》が政務を放たれていたことから、義視がもっとも苦手としたのは、義尚《よしひさ》の養育を担当する伊勢氏であったように思える。その後、義視は比叡山《ひえいざん》に逃れ、十一月、今度は西軍に迎えられ、斯波義廉《よしかど》邸にはいる。夫人や子息義稙《よしたね》▲も同様に西方の陣にはいった。こうして義視は西方の将軍となり、内書《ないしょ》も発給される。ということは義政と義視二人の将軍が並立し東西に幕府がある形になったので将軍職の義政からの譲与は望めなくなった。

事実翌一四六九(文明元)年正月、正月の賀を諸将から受けたのは、五歳の義尚である。伊勢氏では貞親の嫡子貞宗《さだむね》が義尚を補佐し、公家《くげ》・武家《ぶけ》・寺社の挨拶を受けた。このように一四六九年には早くも実質上の将軍は義視から義尚に交代し、義尚を支える伊勢氏や日野勝光《かつみつ》、それに勝元や東軍諸将対、義視をいただく宗全と西軍諸将という図式に、応仁の乱の様相は変わってしまった。

そして一四七三年に宗全・勝元がなくなると、両軍の対立機運は一挙にさがり、領国《りょうごく》で争乱を続けている畠山政長・義就、赤松政則《まさのり》▲らや、京を引き上げておもに領国で支配権を確立することに切りかえた朝倉氏らがそれぞれの本拠地

▼**足利義稙**　一四六六〜一五二三。室町幕府十代将軍。父は義視。初め義材《よしき》、のち義伊《よしただ》、義稙。一四九〇(延徳《えんとく》二)年、富子の推挙で将軍となり、近江《おうみ》を征討。明応《めいおう》の政《せい》変《へん》で廃位され、大内氏を頼り、東上して将軍に再任されたが、細川高国《たかくに》と対立し阿波《あわ》で客死した。

▼**赤松政則**　一四五五〜九六。父は時勝《ときかつ》。加賀《かが》半国守護、のち播《はり》磨《ま》・備前《びぜん》・美作《みまさか》守護。嘉吉の乱後、赤松遺臣に守られて育ち、応仁の乱では親しい細川氏の東軍に属し、以後、山名氏との攻争に明け暮れた。

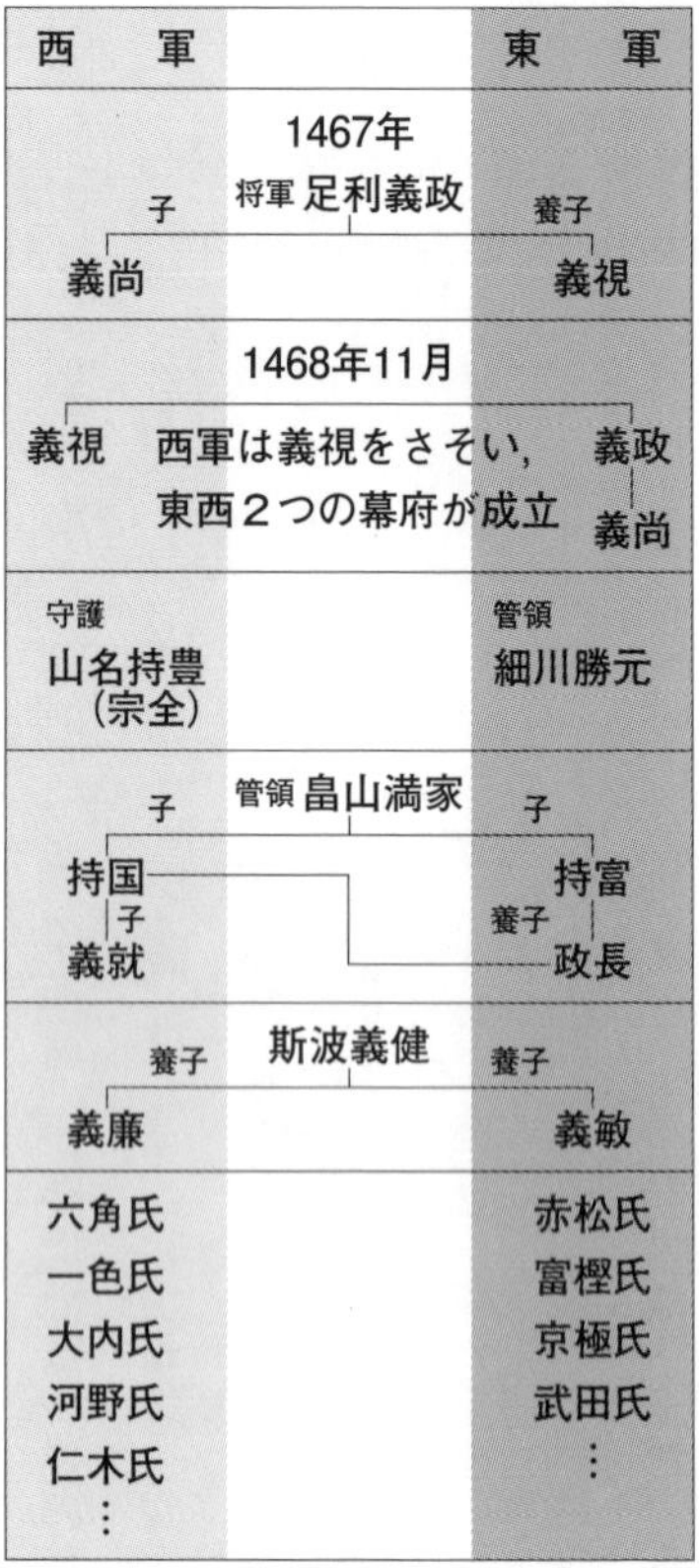

応仁の乱の対立関係図

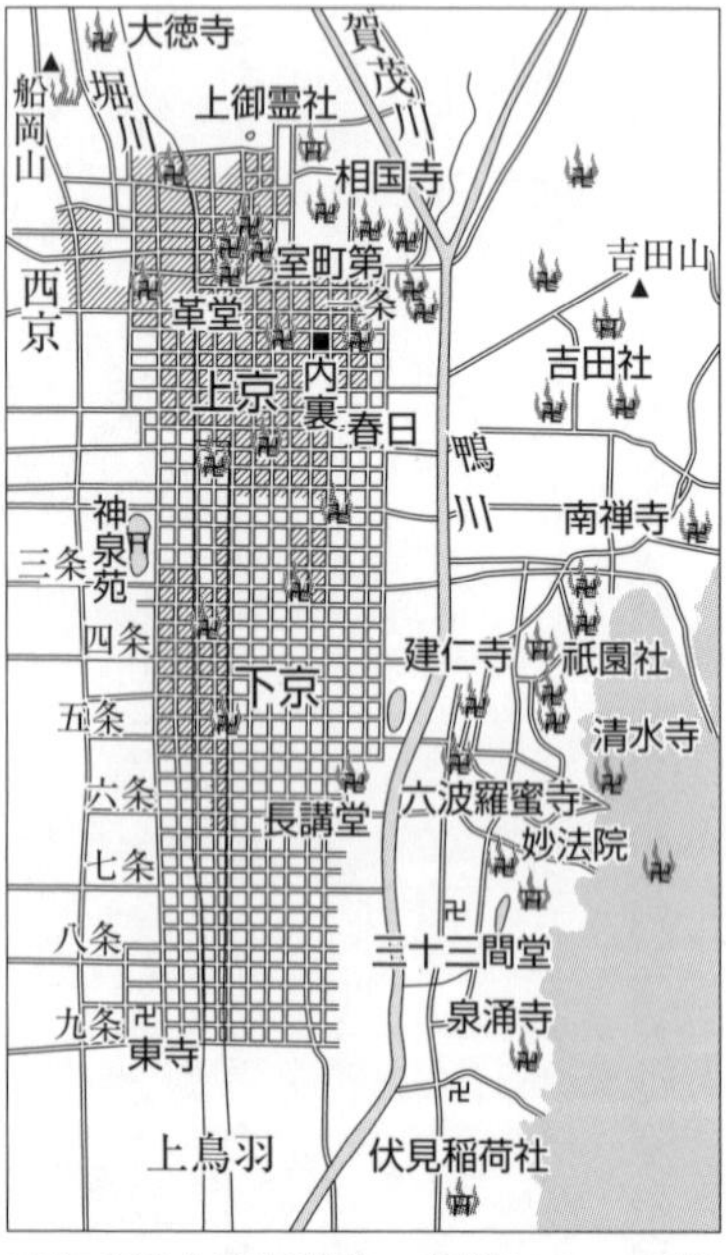

応仁の乱と京都焼失　記録によって確認できる被災地域(，)。下京の被災は上京同様広範囲におよんだと思われる。

で戦闘を繰り返す形態に変化した。守護大名層だけでなく、その重臣たちもそれぞれに、領国で支配権の獲得に余念がない時代へと移行しはじめた。土岐氏の家臣斎藤妙椿《さいとうみょうちん》▲、京極氏の家臣多賀高忠《たがたかただ》らがその代表格である。

また守護大名の領国では、備中《びっちゅう》守護細川氏の場合のように、守護領や国衙《こくが》領に蟠踞《ばんきょ》している国人《こくじん》領主が、内乱に乗じて寺社領荘園《しょうえん》の代官《だいかん》職をつぎつぎに獲得し、彼らは代官請《うけ》▲を通じて生産物や現銭を獲得し、大きく実力を在地に扶植することに成功する。応仁・文明の乱の社会的影響の最たるものは、物騒になって寺社領の年貢《ねんぐ》の送進が激減したことに基づき、国人層への代官請の一般化によって、地方で国人領主制を確立させた点にある。

このように、応仁元年に始まった応仁・文明の乱は、緒戦は京都の地で合戦《かっせん》が行われたが、義政の奉公衆に支えられての毅然とした中立の態度堅持と、それに従った山名宗全・細川勝元の静観によって、しだいに乱の勢いが衰えたことが初期の特徴である。しかし争乱が一四七三年まで続いた理由は、義視の態度のはっきりしなかったこと、大名領国で合戦が継続されたこと、その後義政がしだいに毅然たる態度を持ち続けることをやめたことにあると思う。さらに、

▼**斎藤妙椿**　一四一一〜八〇。美濃守護土岐氏の守護代。兄利永《としなが》から家督を継ぎ、応仁の乱では西軍に属した土岐氏の留守をあずかり、その間に美濃を制圧し、近江・越前にも出兵。文芸にも通じていた。

▼**代官請**　荘園領主の代官は預所《あずかりどころ》、下司《げし》などと呼ばれ、守護・地頭の代官は守護代、地頭代などと呼ばれた。これら代官となった武士などが、荘園領主への年貢を請け負うことを代官請と呼ぶ。

京都が焼土となったのは、自然に発生した火災の類焼を早期に消す態勢を合戦中はとれなかったこと、武将は自邸を焼いて戦闘にはいる決意を示したり、敗戦時に自焼して領国にくだったため、そこから付近に火災が広がったことによる。戦闘は『応仁記』▲などに詳細に記されているが、それ以外の火災・類焼などの被害の大きさを含めて、応仁・文明の乱は理解されなければならないし、合戦記の記述だけを信じては、乱の本質をみあやまることに注意しなければならない。

終息に向かう応仁・文明の乱

一四七三(文明五)年十二月、義政・富子の嫡男義尚が元服《げんぷく》し、征夷大将軍《せいいたいしょうぐん》に任じられた。そのため義視は将軍後継者から除かれた。将軍決定の前から、両軍のあいだで横川景三《おうせんけいさん》▲ら禅僧《ぜんそう》を中心に、世代交代していた山名氏らの講和の提案を受けて、非公式に和平が模索されたが、乱の主体である畠山氏の反対で、成就しなかった。しかし義尚将軍就任を機に、和平の機運は大きくなり、一四七四(文明六)年四月、細川政元《まさもと》▲(勝元嫡男)と山名政豊《まさとよ》▲(宗全の次子)間に講和が成

▼『**応仁記**』　軍記。作者、成立年不詳。応仁の乱前の義政の治世から一四七三(文明五)年細川勝元・山名持豊が死去し、武将たちが帰国するまでを記す。

▼**横川景三**　一四二九〜九三。臨済宗《りんざいしゅう》の僧。五山文学《ござんぶんがく》僧。足利義政の信任をえて、東山《ひがしやま》山荘の造営に参画。応仁の乱中近江に逃れ、一四七二(文明四)年帰洛《きらく》後は細川勝元の外護《げご》をえ、等持院《とうじいん》・相国寺・南禅寺《なんぜんじ》に歴住。五山で〝抜群の僧〟といわれた。

▼**細川政元**　一四六六〜一五〇七。父は勝元。一四八六(文明十八)年以後死去するまでほぼ管領を独占。摂津《せっつ》・丹波《たんば》・讃岐《さぬき》・土佐《とさ》の守護。実子がなく、養子の跡継争いと内衆の台頭に悩まされた。男色《だんしょく》と修験道《しゅげんどう》に傾倒。

立する。山名政豊は将軍義尚から「山城守護《やましろ》」に任じられ、幕府に完全復帰した。これにより、東西両陣のあいだに設けられていた空堀《からぼり》に橋がかけられ、通行が自由になった。

戦闘が終結し、和平の機運が力強く高まり、両陣のあいだで通行が自由になったため、義政や大名衆のあいだには奇妙な安心感が生まれた。「公方《くぼう》ハ大御酒《だいごしゅ》、諸大名ハ犬笠懸《いぬかさがけ》、天下泰平之時ノ如ク也」(『大』)は、このころの状況をあらわしている。

義尚は九歳で将軍位に就いた。そのため一五歳になるまで義政が「代官」として将軍家御判御教書《ごはんのみぎょうしょ》▲などをだす、つまり重事は義政が執政する、新将軍には日野勝光が「指南《しなん》」(指導)するという了解が付帯されていた。日野勝光は義尚の教育係になったのである。実母富子は当然義尚の後見役をつとめたであろう。

日野勝光は日野富子の同母の兄で、一四二九(永享元)年生まれであり、三四(同六)年六歳で祖父の横死と父の出家のために家督を継ぎ、四一(嘉吉《かきつ》元)年二三歳で元服した苦労人である。なぜなら将軍義教《よしのり》時代、日野氏はとくに将軍に目の敵にされた公家であったからである。義政時代になってしだいに官職をあ

▼**山名政豊**　一四四一〜九九。持豊の次子。教豊《のりとよ》の弟。一四六七(応仁元)年、兄の病死により家督と領国を継ぐ。父の死後、東軍細川政元と講和し、但馬《たじま》・山城守護となり因幡《いなば》・伯耆《ほうき》を平定。播磨・美作・備前をめぐり赤松政則と死闘。

▼**将軍家御判御教書**　室町期、将軍が花押を押して発行した直状《じきじょう》形式の文書。

細川政元像　足利義尚時代に管領をつとめた細川政元は，勝元の嫡子。将軍義尚・義稙とはしだいに訣別し，1493(明応２)年クーデターを起こして将軍をおろし，幕府の主導権を握るが，みずからの後継者問題で暗殺される。

細川氏略系図

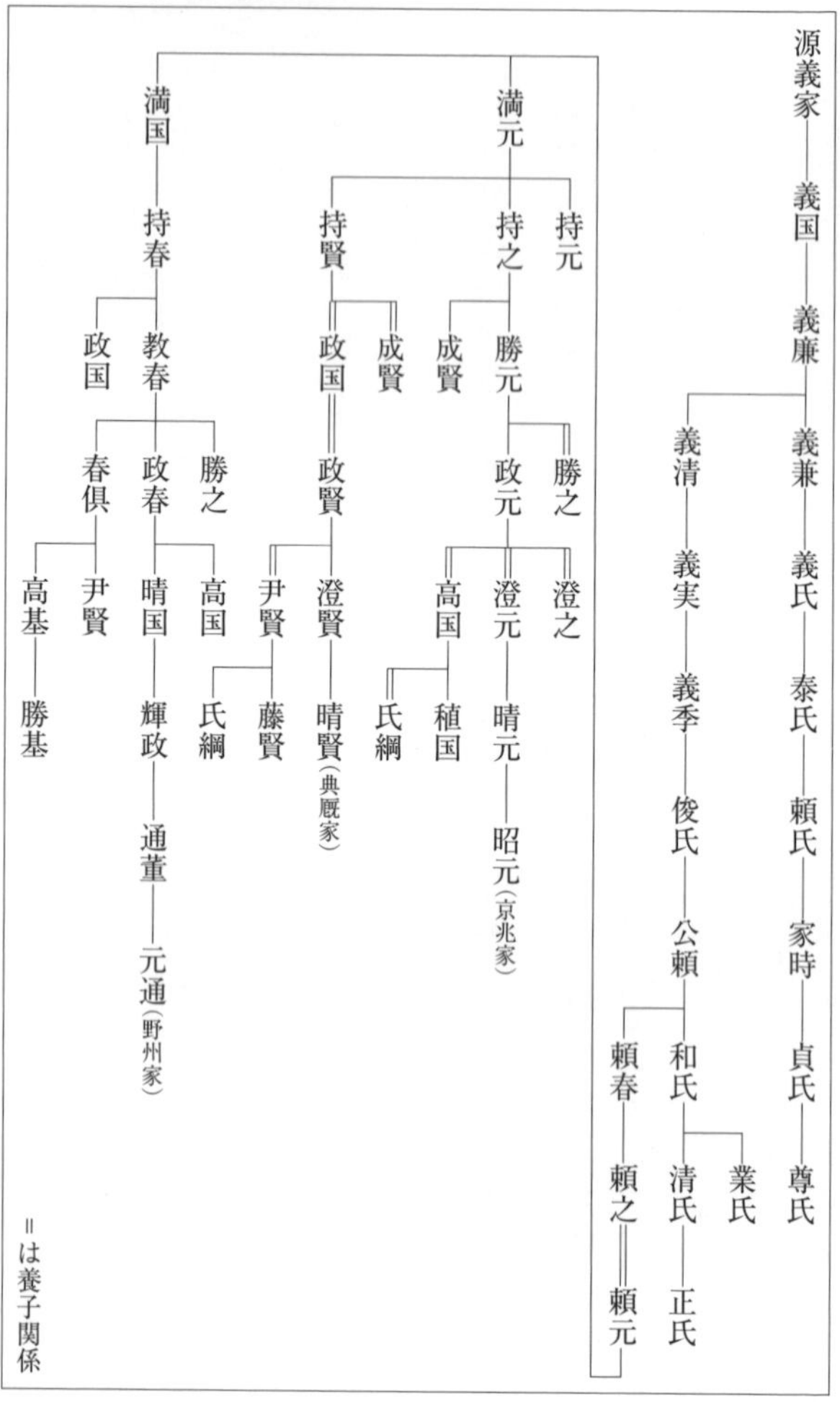

げ、一四六七(応仁元)年には内大臣《ないだいじん》になり、「南都伝奏《なんとてんそう》」▲もつとめた。乱前、乱中には最高級の公家になっていた。『長興宿禰記《ながおきすくねき》』▲が「権威無双、和漢の財宝、山の如く集め置かる」と評したのは、晩年の勝光についてである。

この勝光について、一四七四年閏五月、次のような噂《うわさ》が世間に流れている。勝光は西軍の畠山義就から二一〇〇貫文《かんもん》の礼銭を収納して、東軍との和解を斡旋したというのである(『大』)。噂の背景を考えると、当時、管領は義就の敵畠山政長に交代していた。一方、義尚の教育係をつとめていた勝光は、義政にも義尚にも事案を取り次ぐ立場にあったから、両畠山氏を和解させる好機とみて、和解を斡旋したのであろう。和解を成立させることこそ、新将軍の執政の出発点にはもっともふさわしい事態であると考え、勝光なりのやり方で和平の仲立ちをしたのが、この噂として残った事件であったと考える。

一四七三年に東西両軍の巨頭たちがあいついでなくなり、新将軍が誕生したことで、急速に京都での戦闘はおさまった。若い将軍を盛り立てようと、幕府構成員の一致結束は、一部分の武将を除いて逆に強まり、日野氏や伊勢氏もあらたな居場所を獲得したのである。

▼**南都伝奏**　南都の寺社の事項を天皇や上皇《じょうこう》に伝える公家の職名。

▼**『長興宿禰記』**　官務家の小槻《おづき》長興の日記。一四七五〜八七(文明七〜長享元)年にわたり、朝廷の儀式を中心に記載。

乱の終息と御台所富子の政治

一四七三(文明五)年以後の比較的政治の安定した時期は、政治は義政・義尚に分担されていたが、実質上義政正室富子が政治に深く関与しはじめていた。

一四七四(文明六)年閏五月には前述の退廃気分が公方義政や大名衆に蔓延していた。義政は親子三人で十月に紅葉見物に神護寺《じんごじ》にでかけようとしたところ、大名たちにとめられ、北山《きたやま》の鹿苑寺《ろくおんじ》(金閣《きんかく》)にでかけた。戦乱の継続はなくなったが、「泰平」の世には戻っていないので、物見遊山《ものみゆさん》は非難されたのであろう。

しかし一四七六(文明八)年に室町殿(将軍御所)が焼ける。ここには後土御門《ごつちみかど》天皇▲が将軍家と同居していたので、まず最初に天皇は火災をまぬがれた富子の実母宅北小路《きたのこうじ》邸に移った。義尚は一時義政のいる小川《おがわ》御所にはいり、ついで室町殿敷地内の伊勢貞宗《さだむね》▲(貞親嫡子)邸に移っている。こうして一四七六年の年末、幕府の本拠室町殿造営の必要性が浮上したので、以後、幕府はその造営費として造営段銭《たんせん》を諸国に課す。作事《さくじ》が再開されるのは一四八〇(文明十二)年六月である。

こうしたあらたな賦課の発生により幕臣間ではまたもや厭世《えんせい》気分が増大した。

▼**後土御門天皇**　一四四二〜一五〇〇。父は後花園《ごはなぞの》天皇。一四六四(寛正五)年即位。一四六六(文《ぶん》正《しょう》元)年の大嘗会《だいじょうえ》は中世最後の大嘗会。財源難のため五回にわたり退位宣言を行う。

▼**伊勢貞宗**　一四四四〜一五〇九。父は貞親。一四七一(文明三)年政所執事《まんどころしつじ》に就き、義尚の養育係となり、義尚成人後権限を拡大、山城国一揆《くにいっき》を解体させた。

「公武上下昼夜大酒」「明日出仕の一衣も酒手《さかて》に下行《げぎょう》」「奉公方の者共は、当年中に無為の儀これなくば、各々逐電すべき支度《したく》」(『大』)をする始末となった。これが室町殿火災の翌一四七七(文明九)年七月二十九日ごろの幕府構成員の気風である。

こうした退廃気分のなかで、一人「しっかりしなければ」と自分を鼓舞していたのが富子であった。なぜなら、公方義政は「大酒」とあるように一四七四年ごろから政治に意欲をもたなくなっており、この史料が書かれた前年の七六年六月に、富子が頼りにしていた兄の勝光も、四八歳でなくなっていた。死の直前には左大臣に任じられ、顕官《けんかん》にあった義尚の指南役の死は、周囲が厭世気分に陥っているからこそ、富子を奮い立たせる理由になったと考える。

「公武上下昼夜大酒」に続いてこんな記事が『大乗院寺社雑事記《だいじょういんじしゃぞうじき》』には記されている。

一天下の料足《りょうそく》は此御方《このおんかた》に之《これ》有る様に見畢《みおわ》んぬ。御台一天御計《みだいいってん》い《》の間、料足共其数を知らず御所持。

「此御方」とは御台所《みだいどころ》富子のことであり、富子のもとに天下の料足(銅銭《どうせん》)が

▼**尋尊**　一四三〇〜一五〇八。室町時代の法相宗《ほっそうしゅう》の僧。大乗院門《もん》跡《ぜき》・別当《べっとう》をつとめる。父は一条《いちじょう》兼良《かねよし》。古記録を書写し、興福寺《こうふくじ》領の維持につとめた。

集まっているようにみえる、と尋尊《じんそん》▲は述べている。「大福長者」と尋尊が表現した日野勝光なきあと、その妹富子の財産の大きさがきわだってみえたのであろう。またこうした数えられないほどの料足を御台所がなぜ所持していたのか、その理由について尋尊は「御台一天御計いの間」と表現していることが注目される。富子の料足集積には理由があり、富子が天下の政治を取り仕切っているからだ、と表現している点はみのがせない。まさに富子は執政しており、そのために為政者に対する贈り物として賄賂などの銭貨が多数もたらされたのである。

そしてまたこの富子執政の史料は、公武の疲弊を記す右の記事と、同日条にあることが重要である。戦乱に続く火災、とくに室町殿の火災は幕府関係者には負担となり、厭世気分が蔓延していたのに対し、火災がおよばなかった北小路殿(富子の実母苗子《みつこ》の屋敷)を天皇の居所に提供した富子の姿は、実際以上に料足を集めていたようにみえたのだろう。富子が集めた富は、将軍家の一員として富子が執政していたから集積されたものである。将軍家を構成する義政・富子・義尚にはそれぞれ「御倉」があり、大名衆からの贈り物の剣や銭貨は各倉に収納され、贈り物としての食料は配下の女房や家臣に配られたからである。

つまり天皇家の居所に心をくだいて実母の屋敷を提供し、義尚の将軍としての務めを補佐している富子の姿は、意欲を失っていた義政に比較して輝いてみえ、「執政」として世間に映った。

富子は執政者として、もてる銭貨をいかして、次の行動にでる。それがわかるのは一四七七年七月ごろ、富子が西軍の畠山義統《よしむね》▲に一〇〇〇貫文を貸しつけたという史料のあることによる。『大乗院寺社雑事記』は「畠山左衛門佐《すけ》先日千貫借用申」と言い切っている。借用が記された七月から二カ月後、畠山義就は軍勢をまとめて河内《かわち》に帰った。続いて大内政弘、土岐成頼《しげより》▲など、西軍のメンバーはすべて下国《げこく》した。土岐氏は義視をともなって美濃《みの》へ帰っている。こうして応仁・文明の乱は完全に終息したのである。

こうした西軍の動向の原因は、富子の一〇〇〇貫文貸付けにあったことは明白である。貸付けではなく贈与だったかも知れない。確かなことは、富子は兄勝光の方式にならって、一〇〇〇貫文を提供し、戦乱を最終的に終らせたということである。富子は為政者、義尚の後見者として、その豊富な財産の一部を乱の完全終結のために使用したのである。

▼**畠山義統**　?～一四九七。父は義有《よしあり》。能登《のと》守護。相判衆《しょうばんしゅう》となり糺河原猿楽に列し、義就・西軍に味方したが、一四七七(文明九)年能登に下国し、領国を支配。

▼**土岐成頼**　生没年不詳。美濃守護家土岐氏は室町期二〇余家におよぶ庶流が幕府奉公衆となっており、応仁の乱時は持益《もちます》の養子成頼の流れが主流の座を占めていた。しかし守護代斎藤氏の勢力伸張におびやかされた。

一四七七年ごろの噂として、次のようなものがある。噂を記載しているのはおなじみの尋尊で「近日又米倉の事これを仰せ付けらる、御商いあるべき由御支度、大儀之米共也云々」(『大』)とある。命じたのは御台所富子だという。この米商売については、富子に関する悪評の代表格であるが、噂であったことと、噂のその後について、諸史料に記載がないことから、純粋に噂と考えてよい事象であったといえよう。この部分も「御台一天御計い」のあとに続く記述なので、富子が執政者として米価に関心をもち、米倉に米の備蓄を考えたのかも知れない。これも政治をあずかる将軍家の一員としての発想であったと、好意的に解釈することも可能であると思う。

日野家は四条《しじょう》町と六角町に所領《しょりょう》をもち、とくに四条町は町衆《まちしゅう》▲の集住地域であり、当時三条《さんじょう》と七条《しちじょう》に米座《こめざ》▲があったから、富子が室町期の米価や米の移動に関心をもったのは当然である。むしろ関心をもつことこそ、将軍家の一員として自然ではなかろうか。つまり富子には優れた経済感覚も備わっていたと考える。

応仁・文明の乱中の将軍家は、初期には義政と富子の二つの家、一四七三年

▼**町衆**　十五〜十六世紀の京都の都市民の代表。両側町《りょうがわまち》の正規の構成員。富裕な商工業者で、祇園《ぎおん》会《え》の山鉾《やまぼこ》を立て、芸能に通じ、法華宗《ほっけしゅう》を信じる者が多かった。

▼**米座**　室町期の京都にあった米穀取引市場。

義尚将軍襲封後は義政、義尚、富子三つの家からなっていた。そして初期には義政が中立の立場を堅持して乱に臨み、義視は西・東両幕府を行き来したため、将軍後継者として実質的な権限を発揮できなかった。ついで一四七三年、義尚が将軍となってからは、義政・義尚が権限を分掌しつつ政治を担うこととなった。このころには京都では実質的な戦闘はなくなっていた。そして、一四七四年以後は義尚の後見を任じる富子が執政者として前面にでて、天皇家の居所を用意したり、もてる財の力で、最終的な戦乱の終結をもたらしたといえる。三つの家はかわるがわる補いあいつつ政治をとり、戦乱の終結に努力したとみてよい。

③—乱後の将軍家

義尚の成長

応仁《おうにん》・文明《ぶんめい》の乱《らん》の終息に大きく寄与した義尚《よしひさ》への将軍禅譲《ぜんじょう》以後、義尚は母親富子の後見と教育に守られて、政治を義政と分担する準備を整え、とくに文化面では歌道への造詣を深めていった。一四七九(文明十一)年には一五歳になり、「判始《はんはじめ》▲」「評定始《ひょうじょうはじめ》▲」「沙汰《さた》始▲」を行って自立した青年将軍の姿をみせはじめる。義尚のまわりの近臣《きんしん》たちのなかには大館尚氏《おおだちひさうじ》▲・伊勢貞頼《いせさだより》・杉原宗伊《すぎはらむねよし》・結城《ゆうき》政広《まさひろ》ら歌人として名が残っている者もいた。一四八〇(文明十二)年四月、義尚は日野勝光《かつみつ》の娘を妻に迎えている。こうして義尚は名実ともに新将軍として船出を始めた。

一方、義政は一四七七(文明九)年ごろには、政治に意欲を失い、酒を好むようになった。その退廃的風潮は家臣《かしん》たちにも影響し、行政は富子にまかせる形になっていたが、義政がけっして義尚に譲らなかった権限がある。それは寺社統制権と、それに付随する外交貿易権で、将軍職を譲ったあとの一四七五(文

▼**判始**　判は花押《かおう》のこと。将軍の代替わりにはじめて吉書《きっしょ》に判を書く儀式。

▼**評定始**　正月中の一日を選び、将軍臨席のもと、管領《かんれい》・評定衆《ひょうじょうしゅう》らが出席してはじめて政務を評定する儀式。応永《おうえい》年間末から十一日に固定。

▼**沙汰始**　年頭の幕府の政務始めのこと。

▼**大館尚氏**　生没年不詳。父は教氏《のりうじ》。申次ぎ、内談衆《ないだんしゅう》。法名常興《じょうこう》。義尚の近江出征には五番衆筆頭として従った。故実《こじつ》にも通じていた。

明七)年、義政は明《ミン》の皇帝に書状を送り、「日本国王 源《みなもと》義政」と署名している。自分こそが日本国王であるとの気概があふれており、書状には「日本国王印」が捺してある。日明《にちみん》貿易は三代将軍義満《よしみつ》時代から幕府《ばくふ》主導で行われており、幕府が認定した遣明船《けんみんせん》はさまざまな鉱物や武具、屏風《びょうぶ》や扇《おうぎ》という工芸品を明に持参し、かわりに日本経済の根幹を扼する銅銭《どうせん》を輸入していた。文明年間(一四六九〜八七)の明への輸出品は太刀《たち》・馬・鎧《よろい》・屏風・扇、それに硫黄《いおう》・瑪瑙《めのう》などで、日本への輸入品は銅銭と書籍であり、とくにこの二種の品は、日本から要求したものである。このほか、宋《そう》・元《げん》時代の水墨画《すいぼくが》もまた「唐物《からもの》」賞翫《しょうがん》の風潮のなかで、とくに好評を博し、求める者が多かった。

義政の治世には、乱前の一四五一(宝徳《ほうとく》三)年と六四(寛正《かんしょう》五)年に遣明船を送っていた。文明年間には一四七六(文明八)年四月に堺《さかい》を出発した遣明船が、十一月に帰国している。このとき三艘の船が出帆し、うち一艘は幕府船である。船には五山《ござん》▲の禅僧《ぜんそう》や商人が乗り込み、明の皇帝からは義政に銅銭五万貫《かん》が贈られた。たいへんな金額である。こうして義政は日本最大の銅銭所有者となった。

一四八三(文明十五)年四月にも遣明船が出発した。このときは帰国が遅れ、

▼**五山**　南宋《なんそう》から移入した官寺《かんじ》制度で、朝廷や幕府が住持の任命権をもつ最高の禅宗《ぜんしゅう》寺院五寺のこと。京都五山、鎌倉五山があり「別格五山」もある。

遣明船（『真如堂縁起絵巻《しんにょどうえんぎえまき》』部分）

帰ったのは一四八六（文明十八）年七月である。三艘が出立、うち二艘までが幕府船であった。幕府船といっても幕府の吏員が乗り込むのではなく、一艘を四〇〇〇貫で請け負わせるのであるから、請負料は幕府収入となる。このとき義政は前回の銅銭の大量贈与に鑑みてか、二倍の「十万貫」を要求している。おそらく義政としては東山《ひがしやま》山荘造営の資金をここからだそうと思って要求したのであろう。使い道は別にしても、遣明船の派遣による幕府の利益の大きかったこと、とくに銅銭を大量に手にしたのは、ほかならぬ義政であったことが明白になる。富子は裕福であったとしても、それに数倍、数千倍する銭貨を義政は一度に手にしていた。

　義政は一四八〇年ごろ以後はとくに文化に立ち入り、山荘の造営に熱中しはじめる。自分の肖像画を描かせ、和歌《わか》をよみ「月に酔い、花に坐す」風流《ふりゅう》の道を追求しはじめる。この年、室町殿《むろまちどの》の作事《さくじ》が再開されたが、義政はそこには戻る意志がなかったのだろう、一四八一（文明十三）年、小川《おがわ》御所から岩倉長谷《いわくらながたに》の聖《しょう》護院《ごいん》の宿坊《しゅくぼう》に移って、みずからの山荘造営に本腰をいれはじめる。翌一四八二（文明十四）年には山荘づくりを開始し、人夫《にんぷ》を集めて基礎工事にはいる。寺社に対する知行《ちぎょう》地安堵《ちあんど》権は、相変わらず義政の元にあったので、寺社など荘園領主層を山荘造営に協力させる方策は、義政の元に確保されていた。

一四八〇・八一年、義政が文化に傾倒し、山荘造営に集中しはじめたころ、義尚との父子関係は極度に悪化した。いまだに寺社統制権と外交貿易権を握り、大量の銅銭を所持している義政に対し、義尚は奉公衆《ほうこうしゅう》とともに政権担当者として登場する機会をうかがっていたが、義政は一向に既得権を渡さなかった。この対立に、徳大寺公有《とくだいじきんあり》の娘▲に関する問題が絡んで、父子の仲は最悪になった。義尚は二度にわたり髻《もとどり》を切って正月の参賀も受けなかった(『大』)。このような状況下では富子の出番は狭まり、近ごろとみに「御威勢なし」といわれるほどであった。

　このような幕府の分裂状態は、一四八三年義政が浄土寺《じょうどじ》の東山山荘に移徙《いし》し、「東山殿」と称されるようになったことによって解消する。義政は完成した常御《つねの》所に住み、義尚は晴れて室町殿となった。

▼**徳大寺公有の娘**　義政の側室《そくしつ》であるこの女性に、義尚が思いをよせたことが、父子不和の一因となった。

東山山荘と義政

浄土寺につくりはじめた義政の山荘は「東山山荘」と呼ばれる。一四八三(文明十五)年に常御所ができて義政が移ったあと、八五(同十七)年に西指庵《せいしあん》、超然《ちょうねん》亭《てい》、八六(同十八)年に東求堂《とうぐどう》、翌八七(長享《ちょうきょう》元)年には会所《かいしょ》、泉殿《いずみどの》、漱蘚亭《そうせんてい》、八八(同二)年に龍背橋《りゅうはいきょう》、船舎《せんしゃ》など、翌八九(延徳《えんとく》元)年には釣秋亭《きんしゅうてい》が完成し、観音《かんのん》堂《どう》(銀閣《ぎんかく》)が上棟された。義政は自身の構想のもと、「西芳寺《さいほうじ》」を手本に、相阿《そうあ》弥《み》▲や狩野正信《かのうまさのぶ》▲など当代の名手を呼んで絵や飾りを担当させた。そして建設中、以前の生活態度を改め、酒にかわって茶を好むようになった。義政の熱意が山荘に凝縮しただけあって、東山山荘は「実に西方浄土《さいほうじょうど》というべきなり」(亀泉《きせん》集証《しゅうしょう》)、「殿の結構眼を奪う、一時の栄なり」(景徐周麟《けいじょしゅうりん》。『鹿苑日録《ろくおんにちろく》』〈以下『鹿』と略記〉)と呼ばれるすばらしい山荘となってあらわれた。

この名山荘建設の費用には、第一に義政が獲得した遣明船の収益が宛てられ、第二には守護大名《しゅごだいみょう》からの出銭《しゅっせん》や人夫の提供、それに名物の提供がきそって行われたことが大きかった。第三には諸国に課した段銭《たんせん》で、この「要脚段銭」は「国《こく》役《やく》」とされたから、守護大名や奉公衆が所領《しょりょう》から徴収して納入している。小早《こばや》

▼**相阿弥**　?〜一五二五。同朋《どうぼう》衆《しゅう》のうちの一人で、書画の鑑定など多くの技芸に携わった。

▼**狩野正信**　一四三四?〜一五三〇。狩野派の始祖。室町幕府の御用絵師《ごようえし》となり、東山山荘に「瀟湘《しょうしょう》八景図《はっけいず》」などを描く。足利義尚像(地蔵院《じぞういん》蔵)も正信の作。

川《かわ》敬平《たかひら》や吉川《きっかわ》経基《つねもと》が納入した史料が残る。第四には山城《やましろ》国内の荘園《しょうえん》領主に負担させた費用や人夫も大きな部分を占め、これは一四八六年以後、とみに大きくなった。諸国に課しても思うように納入されなくなったためである。

とくに山城守護に注目すると、畠山政長《はたけやままさなが》が一四七八(文明十)年から八三年まで守護であったが、山城は「御料国《ごりょうこく》」にされ、五分一済《ごぶいちぜい》▲が実施された。しかし畠山義就《よしなり》▲が反対、五分一済を中止させ、そのうえ実力で一四八二(文明十四)年から八五年まで山城南三郡を支配した。しかし一四八五年に起こった山城国一《くにいっ》揆《き》は、それ以前から南《みなみ》山城の支配を争っていた両畠山軍の排除などを決議して半済《はんぜい》を実施し、南山城地域の自治を宣言した。幕府はこれをみて、山城を再度直轄領すなわち御料国とし、守護に伊勢貞宗《さだむね》の子貞陸《さだみち》▲を宛てた。しかし国一揆は伊勢貞陸を守護とは認めず、そのため伊勢氏の守護権は山城北半分に限られることになった。

南山城の国一揆(惣国《そうこく》一揆)は一四九三(明応《めいおう》二)年まで八年間持続する。この国一揆成立の背景には、国人《こくじん》・土豪《どごう》層の意識的成長とともに、義政が課した山荘造営費の負担が山城の諸荘園に集中してきたことと関係がある。

▼五分一済　荘園年貢の五分の一を、幕府が強制的に守護方に提出するよう命じた法令。

▼畠山義就　一四三七〜九一。父は持国。側室の子であったため、持国の後継者問題で一族の政長派と対立。応仁の乱中河内《かわち》、南山城などで終始両派の合戦が続いた。

▼伊勢貞陸　?〜一五二一。父は貞宗。義稙時代に政所執事《まんどころしつじ》。山城国一揆により畠山政長が守護から更迭されたあと、守護に就任。しかしのち守護代香西《こうざい》氏に実権を奪われる。

御台所富子の役割

義政の妻富子は応仁・文明の乱中から義尚の後見として政治を担当し続けた。とくに朝廷《ちょうてい》や公家《くげ》には、乱前から細やかな気配りをみせており、節季の挨拶はもちろんのこととして、乱中は天皇家の居所を準備したり、内裏《だいり》修理を行い、禁裏番衆《きんりばんしゅう》▲に乱中多額の献金をして生活を助けるなど、義政や義尚の政治を側面から支え続けてきた。大名大内《おおうち》氏などの官位を義政を動かして取り次いだりもした。政権移動の激しい足利将軍家をなんとかもちこたえさせていたのは、富子の力によるところが大きい。富子は御台所《みだいどころ》として、義政・義尚時代を通じて朝廷や公家に対する足利将軍家の「家外交」を、持続して担当していたのである。

一四七八(文明十)年のことである。後土御門《ごつちみかど》天皇は譲位する意向を甘露寺《かんろじ》親《ちか》長《なが》など三人の廷臣《ていしん》に伝えた。年来の希望であり、武家《ぶけ》(足利家)から慰留されたので、思いとどまったが、堪忍にも限度があるという理由であった。決心の直接のきっかけは、天皇の妹真乗寺宮《しんじょうじのみや》の入院《じゅいん》(寺入り)費用がない点にあった。費用をこちらからもおだししましょうといってくれるのは御台所一人であり、

▼**禁裏番衆**　宮中《きゅうちゅう》を警備し、また天皇・上皇《じょうこう》の身辺警固を行う任務を果たす公家。室町・戦国期には警備の任務は一部御料所《ごりょうしょ》の上層住民に転嫁された。公家山科家は山科七郷の乙名《おとな》層を番衆として動員している。

▼**広橋兼顕**　一四四九〜七九。室町後期の公卿《くぎょう》。父は綱光《つなみつ》。一四七七(文明九)年から武家伝奏。公卿となる。南都《なんと》伝奏もつとめ、公武―寺社間の調停役をつとめた。三一歳で急死。

御料所から年貢《ねんぐ》は上がってこず、近ごろは御台所と義政が不仲であるなど、さまざまな理由があげられた。ところがこの件は一転解決に向かう。四月十九日、真乗寺宮はめでたく景愛寺《けいあいじ》の住持として入院した。日記に広橋兼顕《ひろはしかねあき》▲は「御台御方一向取り立て申さる」(『兼顕卿記《きょうき》』。以下『兼』と略記)と記している。宮の入院に尽力したのが富子であったことは明白である。兼顕はお礼のため、入院を見物にきた富子のもとを訪れている。

この年六月、後土御門天皇はふたたび譲位を口にする。勅使《ちょくし》勧修寺《かじゅうじ》教秀《のりひで》と広橋兼顕は、不和の義政・富子に遠慮して、すぐには譲位を披露せず、四、五日後別々に披露している。義政からは返事がなかったが、富子は「(譲位は)重事であるので、ただちに准后《じゅごう》(義政)に申し入れる」(『兼』)と返答している。富子の態度は義政より真摯《しんし》であった。

天皇の譲位標榜は十月にもあり、事新しくはなく、禁裏御料所の年貢が上がらなくなり、御料所の代官職も、公武で争われている状況は普遍的になっていた。したがってこのような状況に憤って天皇は譲位を口にし、義政はそれを聞いても積極的な対処法をみつけられなかったのが実情であった。

しかし富子はこのむずかしい状況のなかでも、また義政と別居中にもかかわらず、なんとか事態を打開すべく、義政に重事は取り次ぐという前向きな対処をしていることが注目される。とくに天皇家の意向を尊重して事態の解決をはかる努力を続けた富子の姿は、表面にはあらわれにくく、そのため史料にも残りにくいが、将軍家の「家外交」担当者として、富子が立派に働いていたことを明らかにする。

では義政と富子は一四七八、七九(文明十、十一)年ごろ行政上どのような役割分担をなしていたのであろうか。広橋兼顕が幕府に持ち込んだ案件について分析してみよう。兼顕は義政の「御内書《ごないしょ》▲」をもらうために行動を起こすが、このとき、義政にではなく、富子に願い出ている。御内書は、浄土寺門跡《もんぜき》の代始《だいはじめ》安堵に関するもの、東北院僧正《とうほくいんそうじょう》俊円《しゅんえん》の仏地院《ぶつじいん》領に関するもの、久我通博《こがみちひろ》の被《ひ》官人森《かんにんもり》氏の闕所《けっしょ》(没収地)に関する糺明問題、山科時国《やましなときくに》所領への守護の違乱《いらん》と年貢無沙汰に関するもの、小倉季継《おぐらすえつぐ》知行地への観心院《かんしんいん》の違乱糺明問題、土御門有《あり》宣《のり》の知行地への奉書《ほうしょ》に関するものの六件について必要であったという。寺社と公家に関する問題が将軍家に持ち込まれていることになる。

▼**御内書**　将軍およびこれに準ずる武家がだした書状形式の文書。多くの場合、侍臣《じしん》の副状《そえじょう》をともなう。

本来、天皇家が処理するはずの継目《つぎめ》安堵▲も義政の御内書が必要な時代になっていたことがわかる。公家領への武士の違乱などには、まだまだ将軍家の御内書は有効に働いただろう。こうした公家や寺社に関するさまざまな問題について、富子はまずその案件を受けつけ、義政に取り次ぐ役割を果たしていた。

さて、この六件のうち、浄土寺門跡代始安堵の御内書について、富子は「(義政)御自筆の内書はむずかしいと思われるから、奉行《ぶぎょう》に書かせましょう」(『兼』)と兼顕に返答し、兼顕は畏《かしこ》まって受けたので、富子は奉行松田数秀《まつだかずひで》にこれを申しつけた。兼顕が六件をまず御台所に持ち込んだのは、彼が公武の「伝奏《てんそう》」(公家・武家の問題を天皇へ奏上《そうじょう》する役目)についていたからである。天皇に奏上する前に諸問題の解決の目途を立てておかねばならなかったからである。それにしても、さまざまな問題について、義政に取り次ぐ前に富子が一定の決済をしていることがわかる。義政の御内書が必要なものは義政にまわし、奉行人奉書《ほうしょ》▲を書かせる方がよい問題は奉行に直接申しつけるという判断を、富子がなしていることが重要である。富子は取次ぎと同時に一定の決済を行っており、このような形で、義政の前に躍り出るのではなく、義政の背後で政治に関与していた。

▼**継目安堵**　室町期以降、将軍や大名が、代替わりや家臣《かしん》の跡目相続の際、家臣の所領を安堵すること。

▼**奉行人奉書**　幕府奉行人が将軍の命令を奉じて書いた下達《かたつ》文書。

前東大寺別当公恵《さきのとうだいじべっとうこうえ》は応仁の乱の初めから西軍にあったが、乱が終ると帰住し、内々赦免《しゃめん》を御台所に申し入れていた。御台所富子はけしからず思っていたが「一往(一応)執り申」したところ、案の定《あんじょう》義政は許さなかった。この件をみても富子は頼ってきた公恵への自分の意見は差しおいて、取次ぎの立場を優先し、義政に取り次いでいる。富子は取次ぎに徹し、最終決定は義政が行っていることが、この件からもわかる。

富子はこのように、乱前から引き続き担っていた朝廷や公家・寺社に対する足利家の「家外交」を真摯に果たし続ける一方、一四七六(文明八)年ごろからは、義尚の後見役の立場で政治の前面に登場し、七八年ごろ以後義政が寺社統制権を復権すると、その背後で取次ぎと小事の決済を果たし続けたのである。

一心に朝廷や廷臣《ていしん》の意志にそうよう努力する富子を、天皇や廷臣はどうみていたのであろうか。一四七九年正月十九日、天皇は御所に御台所を呼んでいる。これに対して富子は「参内《さんだい》せよとの勅定《ちょくじょう》はうれしいが、にわかに参内するのはむずかしい」と返答した。その理由は「袴《はかま》がなく、搔取《かいどり》▲でよいとの勅免があれば参内するのだが」(『兼』)というものであった。天皇が富子を招いたのは、富子

▼**搔取**　打掛《うちかけ》のこと。小袖《こそで》で帯を締めず打ち掛けて着る裾の長いもの。現在も婚礼衣装に用いる。

▼**『晴富宿禰記』** 左大史を家職とし、太政官の事務を取り続けた小槻《おづき》氏の流れのうち、室町期の小槻晴富の日記。一四四六(文安《ぶんあん》三)年から九七(明応六)年にいたる。

が参内すれば、義政も参内するだろうから、この直前に申し入れたが、義政からはなんの音沙汰もない禁裏御料所について、義政はなんらかの返答を準備するだろう、との思惑からであったと思われる。富子の返答に対し、天皇からは「今は行宮《あんぐう》儲《もうけの》御所《ごしょ》(北小路殿《きたこうじどの》に天皇は仮居していた)であるから、苦しからず、別勅をもって下姿(掻取)といえども参内せよ」(『晴富宿禰記《はるとみすくねき》』▲)との勅諚がおりた。こうして十九日に義政・富子・義尚の参内が実現した。

十九日の参内について『晴富宿禰記』は「禁裏より御台を本に御招請の故也《ゆえなり》」と記しているから、禁裏は御台所富子を主賓《しゅひん》と考えて招いたことがわかる。富子の「家外交」は天皇家や廷臣から好意をもって、またその外交を担当しているのが誰なのか、みあやまられずに実施されていたことがわかる。

内裏の造営

富子が一心に天皇家の居所に心をくだいた理由は、応仁の乱で内裏が焼亡し、最初、天皇は室町殿(花の御所)に移り、将軍家と同居していたが、ここも焼亡したので、ついで富子の実母苗子《みつこ》の邸宅である北小路殿に移っていた。ところ

▼**仙洞御所**　内裏とは別に設けられた上皇の居所。現在の京都御所の東南にあった。

が、この「行在所《あんざいしょ》」も一四七九(文明十一)年七月に焼けたので、天皇は聖寿寺《しょうじゅじ》(安禅寺《あんぜんじ》)へ移り、その後日野政資《まさすけ》邸に臨行した。そして、このころ天皇と義政の仲は「御不快」であった。なぜなら土御門内裏の再建が一向に進まず、天皇は仮住まいを続けたからである。もう一つの理由は御料所の年貢が激減しているため、天皇から義政に要望・依頼がだされても、義政方から答えが返ってくることすらないこともあったからであろう。天皇みずからが還幸《かんこう》を急がせるための焼亡ではないかとの噂《うわさ》すら人びとの口にはのぼっていた。

こうした状態のなかで、天皇は何度目かの譲位を口にし、皇子(のちの勝仁《かつひと》)や内侍所《ないじしょ》の三種の神器《じんぎ》とともに幕府に移りたいと義政に告げたが、義政は在位のまま内侍所を他所へ移すのは先例がないと断わっている。義政としては、譲位されれば仙洞御所《せんとうごしょ》▲造営にまた経費がかかるから、遁世を望んでおり、それなら皇子の元服《げんぷく》などは幕府で沙汰しようという思いであったようである。譲位をちらつかせての天皇の要求も、効果がなくなってきた。

しかし内裏の造営を行わないわけにはいかず、この段階にいたっては、幕府は真剣にこの問題に取り組まざるをえなくなった。一四七八(文明十)年正月、京の七口《ななくち》▲に関所《せきしょ》を立て、関銭《せきせん》▲を課したのは内裏修造のためである。翌一四七九年、棟別銭《むなべちせん》▲を畿内《きない》に課し、越前国《えちぜんのくに》には段銭を課して、四月、修造「事始」の儀を行った。総費用は一万一〇〇〇余貫文《かんもん》と見積もられ、武家奉行三人が用脚《ようきゃく》(銭貨)以下のことをつかさどり、作事奉行として、毎日三人がその任に就く態勢が整えられている。こうしてようやく土御門内裏は十二月に完成、十二月七日、天皇はここへ還幸している。

内裏完成までのあいだ、仮居の天皇の要望に応じてきたのも富子であった。新内裏の床板を見立て、料足《りょうそく》をだしたのは富子である。また七月に日野政資邸へと天皇が一時移ったのも、北小路殿への移徙と同様に、義政はあずからず、「上様《うえさま》▲御沙汰」つまり御台所の指示によるものであった。天皇家に関する事項は、富子の全面的協力があってこそ、円滑に進められたことがここからもみえてくる。

内裏の一応の再建が終り、天皇が新築の内裏に還幸した一四七九年の翌八〇(文明十二)年の九月、幕府は七口にふたたび関所を設け、通行税をとった。内裏修理の一応の終了を知っていた民衆は、借銭の帳消しを求め、ついで関所撤

▼**京の七口**　洛中《らくちゅう》から洛外《らくがい》、さらに七道《しちどう》諸国に通じる主要出入口の総称。鳥羽《とば》口、竹田《たけだ》口、伏見《ふしみ》口、粟田《あわた》口、今道下《いまみちしも》口、大原《おおはら》口、清瀧《きよたき》口、鞍馬《くらま》口、長坂《ながさか》口、西七条《にししちじょう》口、四条大宮《しじょうおおみや》口などで、時により異なる。

▼**関銭**　関所で徴収する通行税。早くは関所で関米《せきまい》などとして米で徴収することが多かったが、十三世紀中ごろから銭貨に変わった。

▼**棟別銭**　家屋の棟数別に一〇文《もん》から一〇〇文程度を賦課した公《く》事《じ》の一つ。鎌倉《かまくら》期には朝廷が、ついで室町幕府、守護大名・戦国大名が課した。

▼**上様**　日野富子は寛正年間のころから公家や幕府吏員に生涯「上様」と呼ばれている。

▼**八葉の車**　網代車《あじろ》の一つ。車の箱に八葉の紋をつけたもの。大臣・公卿から諸大夫《しょだいぶ》にいたるまで広く用いられた。

廃を要求して徳政《とくせい》一揆を起こした。関銭が御台所富子の収入になると民衆が思い込んだのは、それまでに富子が公家や朝廷の外護者《げごしゃ》として果たしてきた役割を見知っていたからであろう。しかし関銭は朝廷や公家の関所も含めて嘉吉《かきつ》年間ごろから幕府が課す課役となっており、富子の私財にはならなかった。

一四八〇年十二月、一七歳の後土御門天皇の皇子は親王宣下《せんげ》を受け、勝仁と名付けられた。天皇の願いはまた一つ叶えられた。経費不足分二万疋《ひき》は御台所富子が立てかえている。宣下ののち親王は小川邸に渡御《とぎょ》した。そのときの「八《はち》葉《よう》の車《くるま》」▲なども「悉皆《しっかい》」(すべて)武家より準備した。小川邸では義政が親王に加《か》冠《かん》し、元服の儀が行われた。小川邸でも三〇〇〇疋の銭貨が富子から親王に進上されている。

富子は大きな財をもっており、それはこのように惜しげもなく天皇家や公家に投じられた。公家衆の富子をみる目が、尋尊《じんそん》を除いてすべて尊敬のまなざしであるのは、公家や寺社への「不慮」の下付金があったこと以上に、義政への取次ぎをてきぱきとこなし、私財を天皇家の存続のためにつぎつぎに投じている頼もしい御台所の姿をつねにみていたからであろう。

▼**六角高頼**　?〜一五二〇。父は久頼《ひさより》。応仁の乱で西軍に与《くみ》し、一族や京極《きょうごく》氏と対立。何度も近江守護の補任と解任を経験。足利義尚と義材《よしき》の討伐を受けるが、その都度たくみに逃れた。

治罰の御判を発給

一四七九（文明十一）年閏《うるう》九月、近江《おうみ》では六角高頼《ろっかくたかより》▲と多賀高忠《たがたかただ》が対陣していた。多賀宗直《むねなお》は六角方に属して同族多賀高忠の陣を囲み、通路を塞いでいる。多賀高忠に対して、このとき奉書がだされた。ところがこの直前の九月に、富子が伊勢《いせ》参宮《さんぐう》のついでに近江をとおったが、この際多賀宗直に対面し、高忠を治罰すべきだという「御判御墨《ごはんぎょぼく》」をおおせつけられていたという。富子がだしたのは「治罰」（討伐）の御判である。つまり宗直方は義政の「治罰」の「御判」をもらって、正当性を主張しており、高忠は幕府の奉行人奉書をえていたので、これも正当性を主張できた。尋尊が「一事両様の儀沙汰の外の事」「毎時上意正躰なし」というのも当然である。義政の無方針のほかにこの事件からみえることは、「治罰」の御判御教書《みぎょうしょ》のように重要な文書を、御台所が義政からあずかって手渡しているということである。義政の背後にいる富子は、経済や家外交だけでなく、義政の政治に深くかかわっていたことがわかる。

義政の正室《せいしつ》富子は義政・義尚とは別に、御台所としての「家」を形成しており、私財を潤沢にもっていた。その理由は一四七三（文明五）年以後は義尚の後見役

吉田神社太元宮《だいげんぐう》（京都市左京《さきょう》区）
富子の寄進による。

として、七七（同九）年からは政治の前面に立って「一天御計い」つまり政治を担っていたからである。政権担当者のもとには諸大名から自然に贈呈品や銭貨が集まった。富子の為政者としての姿は、一四七七年ごろにはもっとも輝いてみえていた。御台所の政治は一四七九年に義尚が成人して判始を行い、また義尚に対抗して義政もふたたび権力を握ったため、義政の背後に退くが、乱前より行ってきた私財を投じての天皇家や公家・寺社に対する将軍家の「家外交」に加え、心をくだいて政治を担当する富子の姿は、多くの公家衆には尊敬の対象であり続けたのである。

④―義政・義尚時代の終りと戦国の幕明け

義尚政権の近江出征

一四七三(文明《ぶんめい》五)年に将軍職に就き、七九(同十一)年には判始《はんはじめ》を行った義尚《よしひさ》であったが、実際に義尚政権と呼べるのは、八三(同十五)年に義政が東山《ひがしやま》山荘に移り、「東山殿《どの》」義政に対して、「室町《むろまち》殿」義尚と呼ばれるようになってからである。

義尚は山城国一揆《やましろのくにいっき》にゆれる世情に対して、奉公衆《ほうこうしゅう》に守られながら、そのなかから執事《しつじ》二階堂《にかいどう》氏などをみずからの側近に抜擢し、義政がこの時期、主として奉行人《ぶぎょうにん》を手足として行政を行ったのに対して、独自の権力機構を形づくりはじめた。こうした義尚政権の最大の事業が、一四八七(長享《ちょうきょう》元)年の近江《おうみ》出征である。

寺社・公家《くげ》の要求と奉公衆の要望を背景に、二三歳の義尚は荘園《しょうえん》のもとの領主への還付を求めて近江に出征し、荘園の押領《おうりょう》を許している守護大名《しゅごだいみょう》六角高頼《ろっかくたかより》を討つという名目で、義尚軍は観音寺《かんのんじ》城▲を攻めたので、六角氏は甲賀《こうが》山中に

▼観音寺城　六角氏の居城。現在の滋賀県近江八幡《おうみはちまん》市安土《あづち》町の繖《きぬがさ》山にあった。六角定頼と子義賢《よしかた》のとき、築城・改築され、石寺《いしでら》に城下町《じょうかまち》が経営された。義賢と子義治《よしはる》が退城し、廃城となった。

逃れた。そのため事態は長引き、義尚は一年半にわたって近江に在陣し、のち一四八九（延徳元《えんとく》）年鈎《まがり》で陣没する。

一四八七年の七月から準備を整え、九月上旬、義政に出征を報告した義尚は、二万三〇〇〇余の軍勢を率いて近江南半国守護六角氏の征討に出発した。このありさまを見物した人びとは「真の征東大将軍なり」と感嘆の言葉を残している（『蔭』『鹿』）。応仁《おうにん》・文明の乱《らん》中にも眼にすることのなかった将軍の晴姿に接した人びとは、武家《ぶけ》の棟梁《とうりょう》としての将軍家の立場を再認識したことであろう。

出征直前、義政は体調が悪く、一四八六（文明十八）年ごろからの中風《ちゅうふう》に加えて、「気欝《きうつ》」の症状に悩まされていた。のち義尚の葬礼のころには左半身不随になっていることからみて、体調の悪さが政治上の意欲を減退させ、ようやく五《ご》山禅宗《ざんぜんしゅう》寺院統制権を除く全政権を義尚に譲り渡したものと考える。

一方、富子は、義政との別居は続けていたが、時おり金子《きんす》やものをもって訪問することは欠かしていない。二〇〇貫文《かんもん》を一度に義政のもとに届けたこともある。外側から、義政の最後のライフワーク東山山荘建設を応援していたものとみえる。

▼**葛川明王院**　滋賀県大津市葛川坊村《ぼうむら》町にある天台修験《てんだいしゅげん》道場。現在延暦寺《えんりゃくじ》別院。

葛川明王院（滋賀県大津市）

義尚出征直前の一四八七年六月、富子は義尚とともに葛川明王院《かつらがわみょうおういん》▲に参籠している。出陣の安全と戦勝を祈るためであったろう。成人した義尚に対して、富子はいつまでも保護者でいたのである。しかし義尚方からみれば、近江出征は母親からの完全自立を意図していたと思われる。

義尚がこの時代に依拠した幕臣《ばくしん》は、少数の奉行人以外は、先述のように奉公衆であり、そのなかから、またそれ以外の出身者からも、近臣《きんしん》（近習《きんじゅう》）グループを組織し、そのなかからさらに「評定衆《ひょうじょうしゅう》」を選出し政務の決済や訴訟の裁決を行わせていた。したがって近江出征中は、京に残っていたり、義尚に随行した奉公衆が、京—近江間を往復して、全国へ通知する役目を引き受けていた。

義尚政権の中核にいた「評定衆」は、大館尚氏《おおだちひさうじ》、二階堂政行《まさゆき》、結城政広《ゆうきまさひろ》・尚隆《ひさたか》らの側近（近臣）であった。そのうち大館尚氏は奉公衆出身で、番頭《ばんがしら》の家柄に生まれているから、奉公衆全体の利害を代弁する役割を果たした。二階堂政行は伊勢《いせ》氏にならぶ執事の家柄に生まれており、応仁・文明の乱中・乱後の伊勢氏の勢力減退と反比例して力を伸ばしてきた人物である。結城氏兄弟は、義尚の寵臣《ちょうしん》で、御供衆《おともしゅう》に加えられ、のち近江守護職《しゅごしき》も拝領するという厚恩をこうむ

葛川明王院にのこる富子(右)と義尚の参籠札

っている。彼ら「評定衆」の評議すなわち「御前沙汰《ごぜんさた》」こそが、義尚政権期にもっとも重視された政策となって発令された。政務決定は評議で行い、その評議への申次ぎの役目にも、奉公衆を多く起用しているので、義尚が眼にする案件は、いったん奉公衆の手で選別された案件が多かっただろう。

側近による「御前沙汰」に最高の力をもたせるという政治形態は、次の義稙《よしたね》政権期に引き継がれる。奉公衆は義政時代まで執政を支える幕府《ばくふ》機関として重要な役割を果たしたが、義尚政権期以後はその職務は果たされにくくなる。幕府の政治機構ががらりと変わる変わり目が義尚政権期であったといえる。

義尚の死とその葬礼

ほぼ一年間岩倉《いわくら》山荘(金龍寺《きんりゅうじ》)に住んでいた富子は、一四八八(長享二)年十二月、もとの居所である小川《おがわ》邸に帰っている。義尚との和が成立したためであるという。義尚との仲が修復されるやいなや富子は近江鈎に義尚を訪問する。その準備のため、長櫃《ながひつ》にいれてあった小袖《こそで》二〇領、唐《から》織物三〇領を取りだして点検したところ、周囲の者は「これほど立派なものがあったのか」と驚いたという。

戦乱での京中の荒廃は想像以上であったのであろう。

この富子の鈎訪問に、「公武」は期待していた。なぜなら義尚は近ごろ、結城以下の近臣の意見ばかりを用い、ほかの者の意見に耳を貸さず、寺社本所《ほんじょ》や近臣の者まで、「迷惑千万《せんばん》」という状態であり、御台所《みだいどころ》が鈎へいけば、このような嘆きもきっと口にするだろうと、「各御《お》憑《たのみ》申す心中」が公武のあいだにあったためであるという。事実、大乗院尋尊《だいじょういんじんそん》は、豊浦荘《とようらのしょう》のことについて、富子に義尚への口添えを頼んでいる。富子は尋尊の要望どおり義尚に申しそえたことを、女房奉書《にょうぼうほうしょ》▲をだして尋尊に伝えている。富子はその立場を正確に認識していたのである。

義政が病に倒れているこの時期、将軍に意見できる人は富子しかいなかった。世間の期待に応えて、富子は将軍の生母として義尚を訪問したのである。

一四八九(延徳元)年三月、義尚の病が重くなり、富子は十八日に見舞い、聖《しょう》護院道興《ごいんどうこう》に加持《かじ》を行わせた。しかしその甲斐なく二十六日に二五歳の義尚は薨《こう》じている。子息の死に対し富子は蔭凉軒周全《いんりょうけんしゅうぜん》を通じて「四歳にして父(日野政《まさ》光《みつ》)に離れ、それより以後此《かく》の如き憂患《ゆうかん》の事これなし、諸篇茫然」(『蔭』)と語っ

▼**女房奉書**　天皇・上皇《じょうこう》などの仰《おおせ》を側近の女房が奉じて伝奏《てんそう》に伝えるための文書。仮名文《かなぶん》の消息《しょうそく》体。

等持院(京都市北区《きた》)　足利家歴代の墓がある。

▼**畠山尚順**　一四七五〜一五二二。父は政長。義尚から諱《いみな》の一字をもらう。義植とはかり細川政元や同族義英《よしひで》らと戦う。越中《えっちゅう》・紀《き》伊《い》・河内《かわち》守護もつとめる。

ている。父との死別以来の悲しみに茫然とするばかりであるという言葉から、富子の悲しみがどれほど大きかったか、どれほど義尚を愛していたかが伝わってくる。大蔵卿局《おおくらきょうのつぼね》や大乳人《おおめのと》などの女房衆は多く落飾《らくしょく》した。

富子は細川政元《ほそかわまさもと》などとともに義尚の遺骸につきそって京に帰っている。公家衆・奉公衆・女房衆も御台所とともに等持院《とうじいん》に向かう。一条《いちじょう》辺りに差しかかったとき、富子は輿《こし》のなかで声を惜しまず泣いたという。相国寺《しょうこくじ》常徳院《じょうとくいん》を義尚の塔頭《たっちゅう》となし、ここに義尚の牌《はい》(印《しるし》・あかしの札)をいれたという。常徳院への追善《ついぜん》料所の寄進を、義政にうながしたのも富子であった。常徳院の旦那《だんな》は日野氏であったという関係はあったにしても、義尚の死に際して、深い悲しみに沈みながら、てきぱきと葬礼などを執行したのは、富子であったことがわかる。

義尚の葬礼は、四月三日に行われた。富子はこの日のために「荼毘要脚《だびようきゃく》」一〇万疋《ひき》(一〇〇〇貫文《かんもん》)を拠出している。また伊勢備中守《びっちゅうのかみ》が「執紼《とりつな》」(葬式のとき、棺の縄をとる役)について富子にたずねたところ、「このようなことは、私が知るところではない」といいながらも、京兆《けいちょう》細川政元か畠山尚順《はたけやまひさのぶ》▲のうちから選ばれるのがよいと返事している。

▼**茶毘**　火葬。葬式。

▼**中陰**　四十九日。

▼**宝鏡寺**　景愛寺《けいあいじ》派の比丘尼《びくに》御所。西山《せいざん》と号す。将軍の姉妹が代々ここに尼《あま》となって住んだ。小川に面し北に南御所大慈院《だいじいん》があった。

宝鏡寺（京都市上京《かみぎょう》区）　小川邸があったところとして伝わる。

富子がだした一〇〇〇貫文のうち、七〇〇貫文は茶毘▲用に、三〇〇貫文が中《ちゅう》陰《いん》▲以後の費用にあてられた。その他の費用は政元からの一〇〇貫文など諸家からの献金や国役《こくやく》銭でまかなった。義政は中風のため、言語に障害はなかったが、身体の感覚がなかったためか、葬礼にはでていない。遺骸は等持院で火葬され、高野山《こうやさん》に分骨されている。

富子は生前義尚が着用していた装束を、七条《しちじょう》袈裟《けさ》、掛絡《かけまとい》、打敷《うちしき》などに縫いなおさせた。打敷は諸寺に、七条袈裟は中陰勤行《ごんぎょう》衆にあたえている。鹿苑院《ろくおんいん》で月忌《がっき》始《はじめ》の仏事を修したとき、蔭涼軒主集証《しゅうしょう》は簾中《れんちゅう》に召され、生まれてはじめて富子の顔をみた。その感想を「尊顔太《はなはだ》美也」と記している。宝鏡寺《ほうきょうじ》▲に富子の木像が残るが、これに違わぬ端正な顔立ちをしていたのであろう。

このように、義尚の死の悲しみに暮れつつも、葬礼のすべてを執行したのは富子であり、葬礼費用のほとんども富子自身がだしていたのである。つまり義尚の葬礼を主催したのは富子であった。

▼**通玄寺（曇華院）**　三条東洞院にあった尼寺。高倉宮御所跡に智《ち》泉尼《せんに》が通玄寺を創建。のち曇華庵を建てて、ここに退居。京都尼五山の一つ。応仁の乱で曇華庵が焼失したため、通玄寺と合併し、曇華院と号した。

将軍継嗣問題と義政の死

将軍の若くしての死去は、後継者問題を複雑にした。次期将軍に、富子は義《よし》視《み》の子義稙を推し、細川政元は堀越公方《ほりごえくぼう》足利政知《まさとも》の子清晃《きよあき》を推した。義稙は富子の妹と義視のあいだの子であり、義尚の猶子《ゆうし》でもあったので、男子にめぐまれなかった義尚の後継者としてもっともふさわしいと富子は考えたのであろう。このことを知った義視・義稙は、四月八日美濃《みの》から大津《おおつ》にいたり、十一日に入京している。そして義視の娘のいる通玄寺《つうげんじ》（曇華院《どんげいん》）▲にはいり、鹿苑院で焼香後、富子に挨拶をすませ、小川邸にはいった。こうして富子の主導で、次期将軍候補は決定に向かった。

しかしこの事態の進行に異を唱えたのは義政で、四月十九日、義政はふたたび執政すると奏上《そうじょう》し、天皇からは義持《よしもち》の先例があるからと許されたが、中風が悪くなり、翌一四九〇（延徳二）年正月七日、義政がなくなる。

そのころ富子は義尚の仏事を修したあと、かねてより隠居所と決めていた岩倉長谷《ながたに》の金龍寺で得度《とくど》したとの噂《うわさ》が流れていた。これをとどめたのは正式に管《かん》領《れい》に任じられたわけではないが、儀式のうえで、また実質上管領の役割をつとめていた細川政元である。政元は、細川政春《まさはる》(のちの備中守護)と重臣《じゅうしん》秋庭元重《あきばもとしげ》をつかわし、富子の落髪を慰留した。このときは思いとどまった富子であったが、一四九〇年正月の夫義政の死に接し、十三日ついに剃髪をとげている。

細川政元は義尚より一歳若く、一四六六(文正《ぶんしょう》元)年、細川勝元《かつもと》の子息として生まれていた。義尚の死の年には二四歳で、畠山政長《まさなが》が管領を辞した一四八六(文明十八)年五月以後、正式に任じられた形跡はないが、管領の役割を実質上果たしていたとみられる。政元が富子の落髪をとどめたのは、病気の義政にかわって富子が実質上の執政者となる、かつての方式の復活が一番よいと考えたからであろう。

しかし義政の死は、政元が想定した富子の執政の道を閉ざし、富子自身も落髪して、政治への関与の道を閉ざした。いさぎよい引き際であった。以後、義稙が将軍となり、政元が実質的な管領をつとめる時代を迎えるが、一四九三(明応《めいおう》二)年にいたり、細川政元が将軍義稙(義材《よしき》・義尹《よしただ》)を廃し、そのかわりに義澄《よしずみ》(義高《よしたか》・義遐《よしとお》)を将軍にすげかえるという事態を迎える。家臣《かしん》による下剋上《げこくじょう》の現れといえる事件であった。この年、政元は二八歳であり、政元は生涯妻をもたず、実子がなかった。そのため三人の養子をとったが、これが家督《かとく》争いを生み、養子の一人である澄之《すみゆき》派の重臣香西元長《こうざいもとなが》▲に殺される運命をたどる。政元の死は一五〇七(永正《えいしょう》四)年で、義尚の死の一八年後のことであった。

晩年の富子とその死

晩年の富子は執政から離れたため、史料に残らない。将軍は義稙から義澄へと継承された。義澄は足利政知の子であり、富子の親族から将軍は遠のいた。

一四九六(明応五)年閏《うるう》二月二十四日、御所《ごしょ》の蹴鞠会《けまりえ》に富子は呼ばれている。主催者は後土御門《ごつちみかど》天皇の皇子勝仁親王《かつひとしんのう》である。このとき富子は「御台」「小川殿《どの》」と呼ばれている。義政の御台所であった時代から三代も時代が進んでいたにもかかわらず、である。応仁・文明の乱で山名政豊《やまなまさとよ》と細川政元が講和を結んだ一四七四(文明六)年から二一年がたっていた。近年「御台」と呼ぶにふさわしい人は富子しかいないと、当時の人びとは思っていたのであろう。

公家の三条西実隆《さんじょうにしさねたか》▲は、この日小川殿富子の参内《さんだい》があると聞き、親王の御所へいく前に「小川御所」(小川邸)に参上している。ここでの申次ぎは垪和右京《はなわうきょうの》

▼**香西元長** ?〜一五〇七。管領細川政元の内衆《うちしゅう》、山城守護代。一五〇五(永正《えいしょう》二)年、山城国中に半済《はんぜい》を実施したが、翌年政元の養子澄之を擁して三好《みよし》氏に対抗、〇七(同四)年には政元を殺害。

▼**三条西実隆** 一四五五〜一五三七。父は公保《きんやす》。後花園《ごはなぞの》・後土御門・後柏原《ごかしわばら》・後奈良《ごなら》の四天皇に仕え、古今伝授《こきんでんじゅ》に優れ、古典文学を研究、書写し、『実隆公記』を残す。

富子の墓（京都市上京区華開院《けがいいん》）

亮《すけ》であった。この人は以前から御台所の御供衆として仕えている人であるという。実隆はこのあと室町殿にも立ちより、和歌を五首つくってから、午後になって参内している。

　すると富子はすでに車で参内していた。富子は竜胆《りんどう》の文車《ふぐるま》で参内したという。「これ近来買徳せしめ給う車也」と記されていることからみて、参内に備えて富子が急ぎ買いとった車であったのだろう。お供は女房一人と騎馬の垪和一騎だけであったという。さびしい供揃えではあるが、それでも富子は文車を買いとって準備するなど、形式を整えて参内している。親王御所には勧修寺《かじゅうじ》・甘露寺《かんろじ》・山科《やましな》・伯《はく》などの公家が参集し、五七歳の富子が三献のお酌をしている。

　このように一四九六年ごろの富子は、家来《けらい》や女房もごく少数で、ひっそりと暮していたようである。しかし、なお公家たちは「御台」として富子を尊敬し、かつての栄光を重ねあわせてながめており、富子のほうもそれを意識して、参内には急遽竜胆の文車を買徳し、堂々と天皇家や公家階級と交流を続けていたのである。

　参内のあと五月十七日、にわかに富子の容態が悪化、二十日、富子は他界する。三条西実隆はこの日の日記に「諸人天を仰ぎ言語道断之次第也、今年五十七歳歟《か》、……富は金銭を余し貴きこと后妣に同じ、有待之習無常刹鬼之責遁避せざる之条、嘆くべし嗟くべし矣」(『実隆公記《こうき》』)と記している。『大乗院寺社雑《じしゃぞう》事記《じき》』は五六歳とする。

富子の死についての実隆の記事には、富子を揶揄《やゆ》したり、非難したりする部分がない。富子は后妃に同じく尊敬すべき人であったと記し、富子の死を知って「諸人」は天をあおいで嘆き悲しんだとしている。言語道断だと、政局の行方《ゆくえ》をあやぶんでもいる。富子が大きな財をもっていたことは事実である。それは将軍の正室《せいしつ》として執政していたからである。それだけにどんな人もついには死に見舞われるという無常観《むじょうかん》はつのったであろう。

『大乗院寺社雑事記』は「七珍万宝ハ公方歟南御所歟、何方へ之を召さるべきや、一定せずと云々」と記し、富子の財産が公方《くぼう》義澄に継がれるか富子の娘南《みなみ》御所に継がれるか決まっていないことを記している。しかし「七珍万宝」は当時の富の大きさをあらわす決まり文句であり、先述の参内時の史料からみて、富子の遺財は以前ほど大きなものではなかったと考える。

葬礼は六月十四日、等持院で行われた。妙善院《みょうぜんいん》富子の追善のため、御所では連歌《れんが》▲がこの日挙行されている。

富子は室町将軍家のなかでももっとも御台所として尊敬された人であった。つねに朝廷との関係に心をくだき、時には将軍の背後で、また時には前面にでて執政し、公家に対しても一条《いちじょう》家や近衛《このえ》家から猶子を迎え、金銭を援助し、私財を東西両軍の撤収にも投じている。義政が建築・作庭・唐物賞翫《からものしょうがん》に非凡な才能を発揮したのとならんで、富子は和歌や連歌をよくし、また一条兼良《かねよし》《かねら》▲の講義を聴く、文化人でもあった。つまり日野富子は家外交・執政と室町文化の育成のいずれにも関与した、優れた為政者であり文化人であったといえよう。

富子を失った将軍家は、いよいよ継承に苦慮し、政界は細川政元の存在価値を高めることになる。当の政元は、先述のように将軍を入れかえるという前代未聞の実力行使をなした。その後将軍はくるくる変わるとともに、政元以後管領もめまぐるしくかわり、京の政権交代の激しさは、全国的な戦国争乱時代の幕をあけることになったのである。

▼**連歌**　和歌の上句と下句を交互に読み連ね鎖のようにつなげるもの。室町・戦国期に盛んとなった。一四九五(明応四)年成立で準勅撰の『新撰菟玖波《つくば》集』には日野富子の句が多数撰ばれている。

▼**一条兼良**　一四〇二～八一。父は経嗣《つねつぐ》。義政時代に太政《だいじょう》大臣・関白《かんぱく》などをつとめる。応仁の乱時尋尊(五男)のもとに疎開《そかい》。古典に通じ、有職学《ゆうそくがく》の第一人者。

写真所蔵・提供者一覧(敬称略, 五十音順)

石山寺　　p. 36左
永青文庫　　p. 29上
葛川明王院　　p. 79
葛川明王院・滋賀県教育委員会　　p. 80
上御霊神社　　p. 44
宮内庁三の丸尚蔵館　　p. 34
宮内庁書陵部　　p. 29下
桑原英文　　p. 36右
華開院　　p. 87
国立歴史民俗博物館　　p. 4上
慈照寺　　扉, カバー裏上
神護寺・京都国立博物館　　p. 6
真正極楽寺　　カバー表, p. 62
東京大学史料編纂所　　p. 35
等持院　　p. 82
法観寺・京都国立博物館　　p. 7
宝鏡寺　　カバー裏下, p. 83
吉田神社　　p. 76
龍安寺　　p. 15, 52
鹿苑寺　　p. 4下

参考文献

池上裕子「戦国期の一揆」『一揆』2，東京大学出版会，1981年
稲垣泰彦・戸田芳実編『日本民衆の歴史2　土一揆と内乱』三省堂，1975年
稲葉継陽『戦国時代の荘園制と村落』校倉書房，1998年
今谷明『室町の王権』(中公新書)中央公論社，1990年
榎原雅治『日本中世地域社会の構造』校倉書房，2000年
榎原雅治編『日本の時代史11　一揆の時代』吉川弘文館，2003年
笠松宏至「中世政治・社会・思想」『岩波講座日本歴史7　中世3』岩波書店，1976年
河合正治『足利義政』清水書院，1973年
川岡勉『室町幕府と守護権力』吉川弘文館，2002年
川崎(柳)千鶴「室町幕府崩壊過程における山城国一揆」『中世の権力と民衆』創元社，1970年
川嶋將生『室町文化論考』法政大学出版局，2008年
久留島典子「領主の一揆と中世後期社会」『岩波講座日本通史9　中世3』岩波書店，1994年
黒川直則「東山山荘の造営とその背景」『中世の権力と民衆』創元社，1970年
桜井英治『日本中世の経済構造』岩波書店，1996年
佐々木銀弥『日本中世の流通と対外関係』吉川弘文館，1994年
田中淳子「室町殿御台の権限に関する一考察」『女性史学』4，1994年
田中倫子「徳政一揆」『一揆』2，東京大学出版会，1981年
田沼睦「室町幕府・守護・国人」『岩波講座日本歴史7　中世3』岩波書店，1976年
田端泰子『中世村落の構造と領主制』法政大学出版局，1986年
田端泰子「日野富子と将軍『家』」『日本中世女性史論』塙書房，1994年
田端泰子「御台(富子)の京都・土民の京都」日本史研究会・京都民科歴史部会編『京都千二百年の素顔』校倉書房，1995年
田端泰子『女人政治の中世』(現代新書)講談社，1996年
田端泰子「御台の執政と関所問題」『日本中世の社会と女性』吉川弘文館，1998年
田端泰子『乳母の力』吉川弘文館，2005年
永原慶二『室町戦国の社会』吉川弘文館，1992年
芳賀幸四郎『中世文化とその基盤』思文閣出版，1981年
早島大祐『首都の経済と室町幕府』吉川弘文館，2006年
福田豊彦『室町幕府と国人一揆』吉川弘文館，1995年
古野貢『中世後期細川氏の権力構造』吉川弘文館，2008年
三浦周行「足利義政の政治と女性」『日本史の研究　第二輯上』岩波書店，1930年
三浦周行「日野富子」『日本史の研究　新輯二』岩波書店，1982年
村田修三「惣と土一揆」『岩波講座日本歴史7　中世3』岩波書店，1976年
百瀬今朝雄「応仁・文明の乱」『岩波講座日本歴史7　中世3』岩波書店，1976年
森田恭二『足利義政の研究』和泉書院，1993年
山田邦明『日本中世の歴史5　室町の平和』吉川弘文館，2009年
横井清『東山文化』(現代新書)教育社，1979年
脇田晴子『室町時代』(中公新書)中央公論社，1985年

日野富子とその時代

西暦	年号	齢	おもな事項
1440	永享12	1	富子生まれる(父日野政光)
1455	康正元	16	*8-27* 義政に嫁す
1459	長禄3	20	*1-18* 死産。今参局，呪詛の罪で処刑される
1463	寛正4	24	*8-* 日野重子没す
1464	5	25	*4-5•6•10* 糺河原勧進猿楽興行。義政とともにこれに臨む
1465	6	26	*11-23* 義政と富子の子息義尚生まれる
1466	文正元	27	*3-17〜23* 義政夫妻，伊勢参宮
1468	応仁2	29	*3-21* 義政と富子の二男義覚生まれる
1471	文明3	32	*8-3* 義政と不和。義政，細川勝元邸に移る。閏*8-29* 義政，室町殿に帰る
1476	8	37	*3-8* 1万疋(100貫文)を禁裏番衆に献金。*11-13* 室町殿焼亡，後土御門天皇・義政，難を小川邸に避ける
1477	9	38	*7-* 富子の執政と料足集積が『大乗院寺社雑事記』に記される。*11-11* 西軍の諸将領国に帰る。義視，土岐氏とともに美濃国に下向(応仁の乱ほぼ終る)
1478	10	39	*4-19* 富子の努力で後土御門天皇の妹・真乗寺宮は入院。このころ義政に対し，天皇家問題など重事の取次ぎに専念
1479	11	40	*1-19* 下姿でもよいから参内せよとの勅諚をもらう。*9-* 伊勢に参宮。*11-12* 義尚，判始・評定始を行い，義政夫婦これに臨む
1480	12	41	*7-28* 一条兼良，富子・義尚のために『樵談治要』を著わす。*9-* 徳政一揆，関所撤廃を求める。*12-* 勝仁親王の宣下費用2万疋を富子が立替え
1481	13	42	*4-2* 一条兼良没す(80歳)。*6-15* 富子，義尚とともに近江葛川無動寺参籠。*8-* 幕府，富子の山荘高水寺普請人夫を山科七郷に課す。七郷郷民これに応じる
1483	15	44	この年，吉田兼倶に10万疋を奉加
1484	16	45	*4-* 伊勢参宮
1487	長享元	48	*6-14* 義尚とともに近江葛川無動寺に参籠
1488	2	49	*12-* 岩倉山荘から小川邸に帰る。ついで鈎の義尚を訪問
1489	3	50	*3-26* 義尚の死。*4-3* 葬儀を執行。要脚も拠出
1490	延徳2	51	*1-7* 夫義政没す(55歳)。義稙，家督を継ぐ。*1-13* 剃髪する。*7-5* 義稙，10代将軍となる
1491	3	52	*1-7* 義視没す(54歳)。*8-27* 将軍義稙，六角高頼攻撃のため近江に出陣
1493	明応2	54	*4-22* 細川政元，義稙を追放して義澄(義高)を将軍に擁立
1496	5	57	*5-20* 富子没す

足利義政とその時代

西暦	年号	齢	おもな事項
1436	永享8	1	*1-2* 義政生まれる(6代将軍足利義教二男)
1441	嘉吉元	6	*6-24* 嘉吉の乱により父義教死去。*8-19* 兄義勝(7代将軍),足利氏の家督を継ぐ。*8-* 嘉吉の土一揆起こる
1443	3	8	*7-23* 7代将軍義勝(10歳)没し,弟義政,家督を継ぐ
1449	宝徳元	14	*4-16* 元服。*4-29* 征夷大将軍(8代)
1453	享徳2	18	*3-26* 従一位に叙位
1455	康正元	20	*8-27* 日野富子と婚姻
1459	長禄3	24	*2-21* 義政の花の御所(室町殿)立柱上棟。*11-15* 花の御所完成。翌日これに移る
1460	寛正元	25	*2-* 後花園天皇,義政に諷諫の詩を贈る。*8-27* 左大臣。この年,寛正の大飢饉起こる
1464	5	29	*4-5・6・10* 糺河原勧進猿楽興行。義政・富子これに臨む。*11-25* 弟浄土寺義尋(のちの義視)を養嗣とする
1465	6	30	*8-10* 南禅寺恵雲院に山荘検分のためでかける
1466	文正元	31	*6-15* 山荘造営のため近衛邸の旧図を借覧。*7-30* 義視の子息義稙生まれる
1467	応仁元	32	*1-18* 畠山義就・政長,京都上御霊社に戦う(応仁の乱勃発)。*8-* 後土御門天皇・後花園上皇,乱を避けて室町殿に移る。義視,伊勢に逃れる
1473	文明5	38	*1-21* 伊勢貞親没(57歳)。*3-18* 山名持豊(宗全)没(70歳)。*5-11* 細川勝元没(44歳)。*12-19* 義尚元服,9代将軍となる
1476	8	41	*11-13* 室町殿焼亡,後土御門天皇・義政,難を小川邸に避ける
1477	9	42	*11-11* 西軍の諸将領国に帰る
1479	11	44	*11-12* 義尚,判始・評定始を行い,義政夫婦これに臨む
1480	12	45	*10-19* 山荘の地を岩倉・嵯峨に検分する
1481	13	46	*10-20* 小川邸から岩倉長谷に隠退
1482	14	47	*2-4* 東山山荘の造営を始める
1483	15	48	*6-27* 義政,東山山荘に移る(これより義政を東山殿,義尚を室町殿と呼ぶ)
1485	17	50	*6-15* 横川景三を戒師として出家する(法号喜山道慶)。*12-11* 山城国一揆起こる
1487	長享元	52	*9-* 義尚,六角高頼攻撃のため近江鈎に出陣
1489	延徳元	54	*3-26* 義尚(義熙),近江鈎陣中で没す(25歳)。*4-12* 中風悪化
1490	2	55	*1-7* 義政没す。義稙,家督を継ぐ。*7-5* 義稙,10代将軍となる

田端泰子（たばた やすこ）
1941年生まれ
京都大学大学院文学研究科(国史学専攻)博士課程修了
文学博士
現在，京都橘大学名誉教授
主要著書・論文
『中世村落の構造と領主制』(法政大学出版局1986)
「日野富子と将軍『家』」(『日本中世女性史論』塙書房1994)
「御台(富子)の京都・土民の京都」
(日本史研究会・京都民科歴史部会編『京都千二百年の素顔』校倉書房1995)
『女人政治の中世』(現代新書，講談社1996)
「御台の執政と関所問題」(『日本中世の社会と女性』吉川弘文館1998)
『乳母の力』(吉川弘文館2005)
『日本中世の村落・女性・社会』(吉川弘文館2011)

日本史リブレット人 040
足利義政《あしかがよしまさ》と日野富子《ひのとみこ》
夫婦で担った室町将軍家

2011年7月20日　1版1刷　発行
2021年8月31日　1版3刷　発行

著者：田端泰子《たばたやすこ》

発行者：野澤武史

発行所：株式会社 山川出版社

〒101－0047　東京都千代田区内神田1－13－13
電話 03(3293)8131(営業)
03(3293)8135(編集)
https://www.yamakawa.co.jp/
振替 00120-9-43993

印刷所：明和印刷株式会社

製本所：株式会社 ブロケード

装幀：菊地信義

Printed in Japan ISBN 978-4-634-54840-4

日本史リブレット人

1 卑弥呼と台与 ―― 仁藤敦史
2 倭の五王 ―― 森 公章
3 蘇我大臣家 ―― 佐藤長門
4 聖徳太子 ―― 大平 聡
5 天智天皇 ―― 須原祥二
6 天武天皇と持統天皇 ―― 義江明子
7 聖武天皇 ―― 寺崎保広
8 行基 ―― 鈴木景二
9 藤原不比等 ―― 坂上康俊
10 大伴家持 ―― 鐘江宏之
11 桓武天皇 ―― 西本昌弘
12 空海 ―― 曾根正人
13 円仁と円珍 ―― 平野卓治
14 菅原道真 ―― 大隅清陽
15 藤原良房 ―― 今 正秀
16 宇多天皇と醍醐天皇 ―― 川尻秋生
17 平将門と藤原純友 ―― 下向井龍彦
18 源信と空也 ―― 新川登亀男
19 藤原道長 ―― 大津 透
20 清少納言と紫式部 ―― 丸山裕美子
21 後三条天皇 ―― 美川 圭
22 源義家 ―― 野口 実
23 奥州藤原三代 ―― 斉藤利男
24 後白河上皇 ―― 遠藤基郎
25 平清盛 ―― 上杉和彦
26 源頼朝 ―― 高橋典幸
27 重源と栄西 ―― 久野修義
28 法然 ―― 平 雅行
29 北条時政と北条政子 ―― 関 幸彦
30 藤原定家 ―― 五味文彦
31 後鳥羽上皇 ―― 杉橋隆夫
32 北条泰時 ―― 三田武繁
33 日蓮と一遍 ―― 佐々木馨
34 北条時宗と安達泰盛 ―― 福島金治
35 北条高時と金沢貞顕 ―― 永井 晋
36 足利尊氏と足利直義 ―― 山家浩樹
37 後醍醐天皇 ―― 本郷和人
38 北畠親房と今川了俊 ―― 近藤成一
39 足利義満 ―― 伊藤喜良
40 足利義政と日野富子 ―― 田端泰子
41 蓮如 ―― 神田千里
42 北条早雲 ―― 池上裕子
43 武田信玄と毛利元就 ―― 鴨川達夫
44 フランシスコ＝ザビエル ―― 浅見雅一
45 織田信長 ―― 藤田達生
46 徳川家康 ―― 藤井讓治
47 後水尾院と東福門院 ―― 山口和夫
48 徳川光圀 ―― 鈴木暎一
49 徳川綱吉 ―― 福田千鶴
50 渋川春海 ―― 林 淳
51 徳川吉宗 ―― 大石 学
52 田沼意次 ―― 深谷克己
53 遠山景元 ―― 藤田 覚
54 酒井抱一 ―― 玉蟲敏子
55 葛飾北斎 ―― 大久保純一
56 塙保己一 ―― 高埜利彦
57 伊能忠敬 ―― 星埜由尚
58 近藤重蔵と近藤富蔵 ―― 谷本晃久
59 二宮尊徳 ―― 舟橋明宏
60 平田篤胤と佐藤信淵 ―― 小野 将
61 大原幽学と飯岡助五郎 ―― 高橋 敏
62 ケンペルとシーボルト ―― 松井洋子
63 小林一茶 ―― 青木美智男
64 鶴屋南北 ―― 諏訪春雄
65 中山みき ―― 小澤 浩
66 勝小吉と勝海舟 ―― 大口勇次郎
67 坂本龍馬 ―― 井上 勲
68 土方歳三と榎本武揚 ―― 宮地正人
69 徳川慶喜 ―― 松尾正人
70 木戸孝允 ―― 一坂太郎
71 西郷隆盛 ―― 徳永和喜
72 大久保利通 ―― 佐々木克
73 明治天皇と昭憲皇太后 ―― 佐々木隆
74 岩倉具視 ―― 坂本一登
75 後藤象二郎 ―― 村瀬信一
76 福澤諭吉と大隈重信 ―― 池田勇太
77 伊藤博文と山県有朋 ―― 西川 誠
78 井上馨 ―― 神山恒雄
79 河野広中と田中正造 ―― 田崎公司
80 尚泰 ―― 川畑 恵
81 森有礼と内村鑑三 ―― 狐塚裕子
82 重野安繹と久米邦武 ―― 松沢裕作
83 徳富蘇峰 ―― 中野目徹
84 岡倉天心と大川周明 ―― 塩出浩之
85 渋沢栄一 ―― 井上 潤
86 三野村利左衛門と益田孝 ―― 森田貴子
87 ボアソナード ―― 池田眞朗
88 島地黙雷 ―― 山口輝臣
89 児玉源太郎 ―― 大澤博明
90 西園寺公望 ―― 永井 和
91 桂太郎と森鷗外 ―― 荒木康彦
92 高峰譲吉と豊田佐吉 ―― 鈴木 淳
93 平塚らいてう ―― 差波亜紀子
94 原敬 ―― 季武嘉也
95 美濃部達吉と吉野作造 ―― 古川江里子
96 斎藤実 ―― 小林和幸
97 田中義一 ―― 加藤陽子
98 松岡洋右 ―― 田浦雅徳
99 溥儀 ―― 塚瀬 進
100 東条英機 ―― 古川隆久

〈白ヌキ数字は既刊〉